本书为陕西省社会科学基金项目"'一带一路'建设陕西省人才生态系统对组织创新绩效作用实证研究"（2019S031）的研究成果。

本书获西安财经大学学术著作出版资助。

人才生态系统与企业创新绩效研究

张雯 ◎ 著

中国社会科学出版社

图书在版编目（CIP）数据

人才生态系统与企业创新绩效研究/张雯著.—北京：中国社会科学出版社，2023.9
ISBN 978-7-5227-2656-4

Ⅰ.①人… Ⅱ.①张… Ⅲ.①企业管理—人才管理—研究 ②企业创新—企业绩效—研究 Ⅳ.①F272.92 ②F273.1

中国国家版本馆CIP数据核字（2023）第181960号

出版人	赵剑英
责任编辑	戴玉龙
责任校对	熊兰华
责任印制	王 超

出 版	中国社会科学出版社
社 址	北京鼓楼西大街甲158号
邮 编	100720
网 址	http://www.csspw.cn
发行部	010-84083685
门市部	010-84029450
经 销	新华书店及其他书店
印 刷	北京明恒达印务有限公司
装 订	廊坊市广阳区广增装订厂
版 次	2023年9月第1版
印 次	2023年9月第1次印刷
开 本	710×1000 1/16
印 张	11.25
字 数	169千字
定 价	98.00元

凡购买中国社会科学出版社图书，如有质量问题请与本社营销中心联系调换
电话：010-84083683
版权所有 侵权必究

序 一

工业革命催生了近代企业的产生，也诱发了近现代企业管理理论的出现。过去的 200 年来，企业管理理论的演变大致经过了三个阶段。以生产作业管理为核心的第一阶段，其理论体系大约在 18 至 19 世纪形成。以财务管理为核心的第二阶段，其理论框架发轫于维多利亚时代，到 20 世纪中叶基本成熟。以技术创新管理为核心的第三阶段，起源于 20 世纪中叶，由于技术革命的不断涌现至今方兴未艾。与前两个阶段不同，技术创新管理受到青睐，不仅引发了经济学界对技术内生驱动经济增长的研究取向，进而寻找技术创新活动促进经济增长水平的内在逻辑，还引起了管理学界乃至社会学界对技术创新的主体——高技术人才的生存状态和激励机制的高度关注。个中原因不言自明，只有高技术人才的存在才能使技术创新活动成为可能，良好的人才生存环境和有效的激励机制，才能使经济的高端增长包括企业的创新绩效成为现实。

青年学者张雯博士多年来致力于现代企业创新管理的研究，其新作《人才生态系统与企业创新绩效研究》就是这项学术探索的一部最新成果结集。作者的学术关注不仅紧扣着当代企业管理理论的主流取向，和中国制造由大变强的时代脉搏，还以大量的现场调查为依托，进行了理论推演和实证分析。应当说，作者的学术工作是严谨的，所获得的学术创见也将对同类研究工作有所裨益。当然，创新活动中的人才生存环境和激励机制不仅是企业管理理论的时代主题，也是一个国家兴衰的重大命题，需要包括管理学、社会学、经济学乃至人文科学共同探究。希望张雯博士在未来的学术耕耘中,扩展学术视野,在创新管理研究领域有更大的建树。

是为序。

西安财经大学教授、博士生导师　胡健

2023 年 7 月于西安

序　二

党的二十大报告就"实施科教兴国战略，强化现代化建设人才支撑"进行专章部署，指出，教育、科技、人才是全面建设社会主义现代化国家的基础性、战略性支撑，强调必须坚持人才是第一资源，并就深入实施人才强国战略做出详细部署。企业的发展离不开人才，人才是企业的核心竞争力，是企业的发展命脉，企业也必须实施人才强企战略。

随着经济全球化纵深发展，企业间的竞争日趋激烈，主要体现在对于稀缺资源——人才的竞争。总体来讲，人才竞争已从数量和规模的单一考量转变为人才发展、人才生态网络、人才创新生态体系以及一流人才价值创造能级和影响力等多维度的较量。随着数字经济与智能化时代的到来以及知识经济蓬勃发展，企业所处的市场环境更加复杂多变，这对企业人力资源工作提出了新的挑战，企业人力资源的发展已经不再是简单的人事管理问题，而是一个复杂的生态系统建设问题，如何构建企业人才生态系统，转变新思维、激活新动能正成为人力资源管理工作转型升级的重要任务。

人才生态系统是在特定的区域与时间内，组织内所有各类人才与各类组织及人才市场之间所形成的系统关系。与各类自然生态系统一样，人才生态系统也是在一定的时空中由多要素构成的有生机和活力的复杂生命系统。在自然系统中，各种生物种群之间存在着相互关联、相互影响、相互竞争和相互依存的情况，人才生态系统也是如此。人才生态系统是特殊的生态系统，不仅具有一般系统的共同特征，而且还具有物质循环、能量流动、信息传递的特征。人才生态是企业生态的关键部分，人才生态里各种要素之间存在着非常复杂的关系，在企业中这些关系既有上下游人才种群间的知识、能力、经验和劳动成果的传递，也有内部各部门之间的支持和服务，良好的企业生态能使企业人力资源充分发挥作用，促进企业的发展。

近年来，随着学科交叉融合关注度日益提升，已有学者将生态学理念与管理思想相融合，探究人才与组织内外部环境各要素的互动方式、系统中人才以及组织的竞合模式，催生了新的管理思路。作为创新的重要主体，企业如何利用和完善自身的人才生态系统，以及如何从人才生态系统的人才个体、组织环境、区域环境互动关系中优化协同创新行为，提升创新绩效，是其必须直面的挑战。特别是进入新时代以来，随着党的十八大、十九大、二十大的召开，明确提出了要实行人才优先的战略布局，贯彻国家中长期人才规划为主线，推进人才强国战略，国内关于人才生态系统的研究也明显增加。从宏观经济视角来看，人才是衡量一个国家综合国力的重要指标，国家发展靠人才，民族振兴靠人才。从企业全微观视角来看，人才是衡量一个企业是否具有竞争力的核心指标，人才也是企业创新的根基，企业创新驱动实质上是人才驱动。

西安财经大学商学院张雯完成了一本专著《人才生态系统与企业创新绩效研究》，本书以企业为研究对象，对企业人才生态系统、协同创新和企业创新绩效进行了研究，紧密围绕企业在市场竞争中所面临的实际问题和需要，基于资源基础观理论，实证地探讨了人才生态系统对组织创新绩效的作用机理。通读书稿，发现这本著作有如下特点：第一，在理论上该书从生态系统的角度出发，构建了"企业人才生态系统—协同创新—企业创新绩效"变量间的理论模型，对人才生态系统和创新绩效间的作用路径进行了实证检验，揭示了人才生态系统对创新绩效的影响机制和影响强度。一方面纵向加深了组织创新以及现代企业人力资源管理的理论研究，另一方面拓宽了生态理论的研究边界，也为人才生态系统和组织创新提供了新的研究视角。第二，在实践上本书能够为企业人力资源管理发展方向选择提供重要借鉴，指导企业积极改进和完善人才培养机制，启发企业维护和完善自身人才生态系统，并从系统内部寻找有效路径来提高企业的创新能力，从而为企业在创新中获取竞争优势提供新的发展思路，也为区域经济发展、营商环境优化等提供新的思路。第三，从学术价值上来说，本书以协同创新为中介，构建出"人才生态系统—协同创新—企业创新绩效"这一作用路径，梳理出了人才生态系统到企业创新绩效的内在机制，有效弥补了以往研究中人才生态系统、协同创新、创新绩效三者关系间研究缺乏关联的现状。从企业角度出发，深入挖掘了企业创新绩效新的实现途径，是对创新绩效实现路径的一次系统全新探讨。特别是将协同创新作为中介变量，基于创新型企业问卷调研数据，实证验证了人才生态系统影响创新绩效的内在作用路径，揭示了协同创新在其中的传导机制，深化了对人才生态系统与创新绩效关系的研究。第四，在研究方法上来说，本书在对人才生态系统、协同创新和企业创新绩效的国内外研究现状进行文献梳理的基础上，突出使用了问卷调查法，设计调查问卷，以互联网问卷点对点发放形式完成样本资料的回收，保证了数据的可靠性。同时采取实证研究法，基于调查问卷获得的数据，构建结构方程模型对本书的研究变量间的理论假说进行验证。第五，在应用价值上来看，数字经济大潮滚滚而来，在数字化浪潮下企业数字化进程不断加快，如何通过构建人才生态系统赋能企业运营管理，提高企业竞争力成为企业迫切需要关注的问题。数字化转型背景下，企业人才生态系统构建需要内部人力资源体系、组织结构和外部环境共同作用。这不仅能提高人才生态系统的稳定性，同时也能推动企业数字化转型的有效开展，通过人才生态系统构建推动企业协同创新，进一步提高创新绩效，由此来看，本书所研究的问题无疑是十分重要的，为企业指明了一条提高创新绩效的新路径。

张雯博士是西安财经大学优秀的青年才俊，是一位勤奋的研究者，我在西安财经大学做副校长期间，在学术上经常有一些讨论，我发现她对很多问题都有自己独特的见解，在研究和思考中常常能够将企业管理的理论研究与实际问题紧密结合，取得了一定的成绩。我离开了西安财经大学，回归学术，到南京大学任教，但是常常还关注这个学校以及那里的同事和学生们的成长。受张雯嘱托，阅读她新书的书稿，是以为序，希望她能在以后的研究工作中百尺竿头，在企业人才生态系统研究中取得更好的成果。

南京大学特聘教授　任保平
2023 年 7 月

前　言

随着全球知识经济崛起，科技创新日新月异，创新不仅改变着人类的日常生活，而且已经成为驱动世界经济发展的主要力量和发展路径。人类在历史进程中是社会发展的推动者和实践者，对于微观企业来说，人才是企业的核心力量，也是企业战略资源的重要组成部分。目前，理论研究关于企业人才生存和发展问题的诸多探讨，从生态学视角出发，对人力资源与企业、环境的互动现象进行解释分析，进而研究总结其中的演变规律已经逐渐发展为现代企业管理研究的主流范式。创新绩效是企业等各类组织关注的重点，作为创新的重要主体，企业如何利用和完善自身的人才生态系统，如何从人才生态系统的人才个体、组织环境、区域环境互动关系中优化企业协同创新行为，进而提升企业创新绩效，驱动区域经济的增长，成为各类企业面临的重要问题。

本书针对企业这一研究对象展开定量研究。首先，对人才生态系统、协同创新和企业创新绩效进行多角度文献梳理和概念界定，进而在生态系统理论、协同创新理论、资源基础观理论基础的阐释和运用基础上，构建了"企业人才生态系统—协同创新—企业创新绩效"变量间的理论模型，并提出了三个变量不同维度间的关系假设。其次，通过设计三个变量不同维度的测量指标，采用问卷调查等方式，在全国范围内的创新型企业中收集数据；综合运用 SPSS 26.0、Amos 24.0 统计分析软件，对本书构建的理论模型和研究假设进行实证检验。最后，基于研究结论，从人才生态系统中的个体、组织、区域层面提出管理启示。

主要研究结论如下：（1）人才生态系统中的人才胜任力、组织环境、区域环境对协同创新中的技术协同和能力协同具有显著的正向影响，作用强度不一致。具体来说，组织环境对技术协同和能力协同的作用更强，人才胜任力排在第二位。（2）人才胜任力、组织环境、区域环境可以通过协同创新（技术协同和能力协同）对企业创新绩效间接地产生不同程度的影响，即协同创新在人才胜任力、组织环境、区域环境在对创新绩效的作用机制中发挥部分中介作用。具体来说，组织环境在中介传递机制中对于企业创新绩效的影响程度更大。（3）协同创新中的技术协同这一维度正向影响企业创新绩效，另一维度的能力协同则对企业创新绩效没有表现出显著作用。具体来看，技术协同在人才生态系统作用于企业创新绩效的过程中呈现部分中介作用，说明企业创新绩效的提升，技术协同起到了主要的作用。

目　　录

第一章　绪论 ·· 1
第一节　研究背景及研究意义 ······················ 1
第二节　国内外研究现状 ···························· 4
第三节　研究内容与研究方法 ······················ 37
第四节　研究思路与框架 ···························· 38
第五节　主要创新点 ································· 40

第二章　概念界定与理论基础 ···························· 42
第一节　概念界定 ····································· 42
第二节　方法论依据 ································· 46
第三节　理论基础 ····································· 49

第三章　概念模型与假设提出 ···························· 55
第一节　概念模型提出 ······························ 55
第二节　研究假设 ····································· 56

第四章　研究设计与数据收集整理 ······················ 63
第一节　调查问卷的设计 ···························· 63
第二节　数据收集 ····································· 71
第三节　数据整理 ····································· 72
第三节　本章小结 ····································· 76

第五章 实证分析与假设检验 …… 77

第一节 数据处理方法与技术手段 …… 77

第二节 信度与效度检验 …… 83

第三节 相关性分析 …… 90

第四节 因子分析 …… 91

第五节 结构方程模型 …… 96

第六节 假设检验 …… 101

第七节 案例剖析 …… 106

第六章 研究结论与启示 …… 132

第一节 研究结论与讨论 …… 132

第二节 研究启示 …… 133

第三节 研究局限与展望 …… 136

参考文献 …… 137

附 录 …… 166

后 记 …… 170

第一章 绪论

随着全球知识经济的崛起,创新已成为驱动世界经济发展的主要力量。对于微观企业来讲,人才是其战略资源的重要组成部分。企业如何完善和利用人才生态系统,如何从人才生态系统中的人才个体、组织环境、区域环境的互动关系中优化企业的协同创新行为,提升创新绩效,进而驱动区域经济的增长?这一问题已成为各类企业面临的重要考验。

第一节 研究背景及研究意义

一 研究背景

随着经济的全球化纵深发展,全球公司间的竞争日趋激烈,其主要体现在各类企业关于市场份额和无形的有形的资源方面的较量,而其竞争的核心在于人才的比拼,具体来说,更在于企业复合创新型人才的比拼。为提升企业对于新竞争态势的适应力和国际竞争力,政府制定并实施"人才强国"战略,从国家战略高度对人才培养、发展、配置等工作予以重要支持。目前,我国的经济总量已经排在全球第二位,其中200余项工业产品在世界上的产量排首位。与此同时,核心技术是我们最大的"命门",底层技术"卡脖子"是我们最大的隐患,整体而言制造业处在全球价值链低端的现实困境仍有待打破,人才队伍"大而不强"的问题还有待解决。具体来说,"强"即人才创新能力强、竞争力强、自我成长能力强。"十四五"时期,人才工作的重点是激发人才的活力。从整体上讲,今后的人才竞争将从人才数量和规模的单一考量转变为人才发展、人才生态网络、人才创新生态体系,以及一流人才价值创造能级和影响力等多维度的较量。随着大数据时代的到来,组织所处的市场环境呈现出复杂多变的特点,加之知识经济的兴起,这一系列变化对各类组织的人力资源工作都不可避免地提出了新的管理改进要求,"转变新思维、激活新动能正成为人力资源管理工作转型升级的重要路径和方向"。近年来,随着学科间交叉融合的研究日益高涨,越来越得到学者的关注,一些学者把生态学的理念和管理思想相融合,拓宽了两者的研究领域。对人才生态系统进行研究,能够深入探究系统内各要素与环境互动方式、系统中人才以及组织的竞合模式、催发了新的管理思路,并且因其所具有的可持续发展性,引起了各界关注。作为创新的重要主体,企业如何利用和完善自身的人才生态系统,以及如何从人才生态系统的人才个体、组织环境、区域环境的互动关系中优化企业协同创新行为,进而提升企业创新绩效,是各类企业必须要直面的重要挑战。

从现实情境看,许多企业,特别是大中型规模企业,其内部客观地存在着一个人才生态系统,并且企业构建和完善自身所处的人才生态系统的方式,主要是制定和调整企业人力资源战略。就理论层面而言,人才生态系统是一种在社会科学领域中应用自然科学理论的复合型系统,它可以从生态学的角度来分析社会体系中的人才管理机制、组织管理、环境等问题,为人才、组织和环境关系的管理提供新的途径和思维。与此同时,在协同创新范式下,协同行为成为开展创新活动的必然,企业边界不再封闭,技术、能力协同也不再限于组织内部,企业通过开展内外部的合作可以减少技术创新在实现过程中的不确定性,提升创新绩效。实际上,企业利用其所处的人才生态系统通过资源信息共享,加强了协同创新的行为实现,由于人才生态系统内的协同创新具有系统性、以人才为主体的特征,能够保证创新的核心资源效用增加,当人才生态系统中各要素的效用增加,企业的创新绩效也得以提升。对于协同创新在人才生态系统这一企业战略资源与创新绩效的关系中扮演的角色恰是本研究的关注点。探究人才生态系统影响企业创新绩效的内在机理,有利于全面认识人才生态系统对于企业创新的作用，以此指导企业实践。与此同时，人才生态系统理论与企业创新管理理论也有待丰富和深化。

二　研究意义

1. 理论意义

（1）本书从生态系统的角度出发，对人才生态系统和创新绩效间的作用路径进行了实证检验，揭示了人才生态系统对创新绩效的影响机制和影响强度。一方面纵向加深了现代企业人力资源管理的理论探讨；另一方面拓宽了生态理论的研究边界。

（2）本书以协同创新为中介，构建出"人才生态系统—协同创新—企业创新绩效"这一作用路径，梳理出了人才生态系统到企业创新绩效的内在机制，有效弥补了以往研究中人才生态系统、协同创新、创新绩效三者关系间研究缺乏的现状。

（3）从微观企业角度出发，深入挖掘了企业创新绩效的实现途径，运用理论和实证的方法验证了人才生态系统对企业创新绩效的作用机理，是对创新绩效实现路径的一次系统的全新探讨，这无疑纵向加深了组织创新的理论研究。

2. 实践意义

（1）本书的研究结论能够为企业人力资源管理发展方向的选择提供一定的借鉴，指导企业积极地改进和完善人才培养机制，启发企业维护和完善自身的人才生态系统，并从系统内部寻找有效的方法来提高企业的创新能力，从而为企业在创新中获取竞争优势提供新的发展思路。

（2）为区域的产业发展、营商环境优化等路径的优化提供可借鉴的思路。人才生态系统中的人才、组织依赖于其所在的区域环境，区域环境是企业创新的重要支撑，企业区位、人才就业选择时，都会考虑到交通条件、基础设施建设、社会文化氛围等因素。研究结论能够为政府优化创新型企业发展的创新环境提供政策抓手。

第二节　国内外研究现状

一　人才生态系统研究现状

（一）人才生态系统研究的起源与发展

人才生态系统这一概念由生物学科演变得来，先由英国生态学家 A. G. Tansly 于 1936 年提出，后来由苏联地植物学家 V. N. Sucachev 从地植物学出发，提出了生物地理群落的概念。1990 年，唐德章在发表的《人才生态系统的动态平衡及政策措施》一文中具体提出："我们把人才、人类群体、人才所处的自然环境和社会环境的整体系统称之为人才生态系统。"之后，Klimecki（2003）将人力资源与生态系统相结合，提出人力资源生态系统的概念，系统性地说明了人力资源生态系统的重要意义，开辟了人力资源生态系统研究的新领域。可见，人才生态系统的概念具有两种特征：其一，人才生态系统具有明显的交互性，需要大量的人与环境的信息交互完成；其二，人才生态系统具有层次结构的系统，由能做出某种贡献的个人组建成为一个群体，与所处环境相互融合最终形成人才生态系统。

刘四兵（2003）指出，人才生态是指人才资源在开发和利用过程中与社会系统互相协调、互相促进、互相发展的关系的总称。其中包含社会系统内各生产要素相互协助及社会系统与人力资源相互配合的两种交互模式。由于刘四兵提出的人才生态概念仍较为宽泛，沈邦仪（2003）将人才生态系统重新定义为：是人才生命系统与环境生态系统交互作用而构成的有机复合系统，是受自然、社会与自身思维影响和控制的生态系统，进一步将人才生态系统拆分为：由个体内生态系统和群体内生态系统组成的内生态系统和由人才自身以外的环境生态系统构成的外生态系统。其中，由德、才、识、学、体五大因素构成个体内生态系统；由一定的人才群体按照一定的比例、序列、层次构建成群体内生态；环境生态系统则由宇观生态环境、宏观生态环境、微观生态环境三个维度构成。

随着人才生态系统这一概念的不断完善，也有研究将动态性引入人才生态系统，宋素娟（2005）认为：在这个系统中人才从无到有，密集度逐渐增加，人才个体及同质人才以及异质人才间相互学习、共享资源，生态关系开始形成；组织内一定类型的人才所组成的上下游人才所形成的群体关系越来越密切，生态也越来越丰富，外在环境更适宜；随着竞争的加剧，劣质、弱势的人才受排挤而离开，优质、强势人才获得生存并得到发展，但随着人才生存环境的变化，人才也会迁移到更适合自己发展的地方，从而打破了原有的人才平衡状况。因此，人才生态系统存在动态平衡性，即人才是随时流动的，会从一种平衡状态经过一系列的变化进入另一种平衡状态。结合上述相关研究，王瑛、孙振华（2008）进一步对人才生态系统进行了解读，认为人才生态系统既然是一类特殊的生态系统，则其也应该具有普通生态系统的基本特征。因此，将人才生态系统的特征归纳为三个层面：①具有一般系统的特征：整体性、层次性、结构性、功能性、变异性和相对稳定性。②具有生态系统的特征：物质循环、能量流动、信息传递。③具有人才属性的特征：以人才为中心，具有复合性、复杂性、开放性、不可逆转性，并符合生态系统的动力学机制。

（二）人才生态系统研究的内容与维度

截至2022年9月1日，以人才生态系统为主题检索出来的中文文献有367篇，目前已有的研究主要集中在两个维度，即人才生态系统的构建与从人才生态系统的角度探究人才的培养。其中，人才生态系统的构建从最初的基础元素研究逐渐呈现不同场景、不同维度、不同学科的研究态势；而探究人才的培养则呈现出具有不同行业、贴合时代背景的特征。下面，本节就上述的几个视角总结归纳人才生态系统的研究成果，为后续的研究厘清了课题方向。

（三）人才生态系统的构建

第一，基础人才生态系统机理的补充研究。自唐德章首次提出人才生态系统这一理论概念后，不少学者先后对其进行了补充与说明。许芳（2007）针对人才生态系统提出了互动性、生态流、生态位、限制因素、生态平衡、拥挤效应、协同竞争七个基本原则，并以此为依据，提出了建设人才生态系统的几点建议。由于人才生态系统本身就是从自然生态系统衍生过来的，具有一些自然生态系统的基本特征，因此，黄梅等（2008）将人才生态系统与生物链相结合，并将人才生态系统中的各个角色定义为生产者人才、消费者人才和分解者人才，形成一种类似自然生态系统食物链的人才生态链，以人才价值（知识、技能、劳动成果、经验、教训等）为纽带形成具有工作衔接关系的人才梯队，进一步优化了工作效率与产出效率。通过对人才生态链进行研究，发现人才生态链对人才结构具有：建立合理人才，利用人才种核效应吸引人才，实现"人才再生产"和"知识再生产"，改善素质结构等优化作用，并对以往的研究进行了扩充。

第二，不同行业背景下人才生态系统的拓展研究。随着社会的发展与进步，衍生出了各式各样的延展人才生态系统的研究，其中以科技创新类、高技能人才、数字化背景下的人才生态系统研究最为集中。

首先，高技能人才生态系统。李援越（2010）率先构建了高技能人才生态系统的定义与组成要素，即：高技能人才生态系统就是用生态学理论，将高技能人才和与之相关联的自然与社会经济环境，视为一个通过能量、物质和信息的反复循环和流动的有机整体。并且指出，该系统的研究目前只是停留在理论层面，缺少方法论、具体机理和政策实施的研究。基于高技能人才生态系统这一理论，李援越又进一步分析了当下该系统存在的组成结构失衡、教育体系结构失衡、人才区域性分布失衡的问题，提出了需树立正确生态观、增加数量优化人才质量、促进人才的合理流动等若干建设性建议。基于人才与环境的交互视角，林剑（2012）将高技能人才又细分到创意性人才，提出了创意人才生态系统镶嵌于创意网络矩阵当中，由生态群落和创意环境组成，两者相互影响、相互渗透，系统演变遵循多样维持、遗传改变、模仿学习和竞合共生机制。戴福祥（2021）则再次利用扎根理论，分析了高技能人才生态系统的组成要素，明确了高技能人才生态系统是环境与主体、环境与个体、主体与个体三个层面的互动关系和12条要素互动路径，结合生态学理论构建出全面的高技能人才生态系统，明确了知识技能的循环双向流动与信息的传递功能。

其次，科技创新、创业类人才生态系统。基于科技创业类人才在人才生态系统中既是消费者，也是生产者这一特殊角色性质，周方涛（2012）将科技创业人才与创业生态环境（把创业生态环境分为创业支撑环境、经济市场环境、社会文化环境和生活服务环境四个子环境）交互作用而形成的动态平衡系统定义为科技创业类人才生态系统。该系统具有互动协同、多重交互和规模效应递增等特征，且其系统的运行对人才的流动有着决定性的影响。次年，由于科技创业人才生态系统具有一定区域的异质性，周方涛进一步将其细分到区域科技创业人才生态系统。近年来，我国经济增速逐渐放缓，经济结构不断优化升级、经济发展动力转向创新驱动的新常态和重要发展转折期，创新类人才的需求量与当下人才储备数量、质量不足的矛盾日益显著。基于此背景，赵曙明、白晓明（2016）从人力资源视角与生态资源视角出发，提出了增加开发投入、投资带动人才、营造创新氛围以及跨越边界，培育复合人才等若干条建议，为人才培育的转型提出了指导性意见。同期，张波（2016）就人才特区改革指出，需要从坚持顶层设计与地方创新良性互动、注重整体性战略思维与治理模式、坚持从政府主导到市场主导的发展思路以及强化良好的人才生态系统建构四个层面进行构思与建设，突破人才特区改革的困境。

再次，对于科技人才，曾建丽（2017）以北京中关村为例，将科技人才生态系统定义为由科技人才要素和非科技人才要素相互作用所构成，具有技能流动、人才循环、信息传递、动态、开放及自组织等性质。认为科技人才系统只有在生产者注重素质开发，消费者健全管理制度，分解者提供优质服务及制定优惠政策的情况下才能平稳发展。缴旭、豆鹏（2019）通过对科技人才生态系统自组织演化过程的分析认为，其系统的演化具有自组织特征，演化进程分为系统构建、向自组织转化、组织复杂性增长、系统跃迁四个阶段，呈现出渐变与突变、加速与减速、结构愈加复杂与层次跃迁的螺旋式循环累进演化特点，其主要诱因是内部动力。

最后，数字化背景下的人才生态系统。2015年8月，国务院发布

《促进大数据发展行动纲要》，以大数据技术为支撑，进行大变革、大转型、大融合和大创新。大数据、云端、人工智能等前新兴技术成为近几年我国众多学者研究的主要潮流与方向。严丹妮（2019）将人才生态系统与数字化相结合，将研究下沉至企业，形成产、学、政一体化的企业人才生态系统建设体系，将信息化手段全面融入企业数字化人才的招聘配置、培训开发、职业生涯规划及绩效管理等环节，提升了企业的续航能力。基于这个结构，丁安娜（2020）对龙华工具数字化转型进行了单案例研究分析，分解出了在企业数字化转型中人才生态系统从边缘向核心不断演进的过程，为中小企业提供了可操作的路径与方案。

第三，区域人才生态系统研究。由于人才生态系统存在着部分的异质性，针对不同地域，又将人才生态系统赋予了地域特征。周方涛（2012）将人才生态系统按照不同的区域划分进行研究，以长三角地区的城市为例，验证了环境对人才生态系统的正向影响关系。瞿群臻、尤晓敏（2013）则着重以上海为研究对象，细化了高端航运服务业人才系统的构成，即：企业、政府和生态区管理部。针对京津冀互动式人才流动较弱、社会政策保障不对接、政府资金投入不合理、产业布局不合理等问题，张东雪、汤博等（2017）对京津冀地区进行研究，从生态环境视角出发，提出了需要优化市场、社会、教育及产业经济四大环境来改善现有问题。冯茹（2018）则研究了东北的衰落，得出当下迫切需要以劳动力、土地、资本和创新四个要素为主，从供给侧、生产端入手推动供给侧改革从而达到振兴东北、振兴大连的目的。同年，何昕、伊娜（2018）又以大连自主创新示范区为研究对象，从软环境与硬环境两个方面指出，要通过改善城市环境、改变政治生态、促进经济发展、提升城市文化四个方面来优化人才生态环境，改善竞争力。

方磊、舒卫英（2020）将区域人才生态系统明确定义为人才在一定时空范围内共同栖息的所有组织群体与区域复合环境之间的相互流动，与外界环境不断发生人才循环、知识技能流动以及服务、技术等信息传递，而形成动态平衡的网络系统，通过耗散结构理论，将动态平衡的过程拆解为开放、非平衡、非线性和涨落的交互步骤。方磊（2020）通过对宁波市鄞州区的研究认为，需要构建人才生态政策链、生态产业链、生态服务链、生态人文链来推动具有区域特色的人才生态系统建设，杨勇（2022）则构建了城市人才生态系统的多Agent模型，运用计算机实验仿真分析不同类型的人才政策对城市人才生态环境的影响得出：只有在改善环境、人才补贴、引入人力资源服务三者政策同时作用下，对城市人才生态系统的改善力才最强。

（四）人才培养系统的搭建研究

第一，不同学科视角下人才培育体系的搭建。由于创新人才始终是一个国家能够持续发展的动力与源泉，周学东、柳茜（2009）率先以口腔疾病学科创新型人才的培育为切入点，明确提出，需要从营造良好学术氛围、加强团队建设、拓展国际视角等五个方面构建良好的人才培育生态系统，提升人才培育的效率与质量。龙青云（2009）则主要研究了计算机专业应用型创新人才的培育，认为系统内主要通过物质流、知识流、影响流相互影响与联系，根据计算机应用类人才的特有属性，在传统资金与设备的需求基础上，加入了建立开放实验室、课程设计突出实践与应用、改进考核手段等新观念。董原（2016）通过对比美国、日本与陕西、深圳、云南的创新创业人才不同的培育模式，认为人才生态环境由基础、中间与最高层构成，需要根据不同的心理与智力结构特征，从制度、操作与基础三层构建全方位的人才培养体系。王卉（2020）指出，为了吸引与保留创新型人才，必然需要从人才生态系统的角度出发，建立具有"人才共享、知识共享"为特点的产学结合模式的创新型人才生态系统。

除了最为主流的创新创业类人才培育生态系统的构建外，还有些学者就较为热门的学科人才培育同样做了相关的研究。李维锦（2013）就针对森林生态旅游专业人才的培育提出需要打破"行、校、企"合作办学结合度不够的现状，从五个方面构建人才培养的三个平台，实行双核双轨的培养模式。而王丹丹（2014）根据国家的"十二五"规划，把电子商务作为转变区域经济发展方式的大背景，将电子商务人才生态系统拆分为核心系统、支撑系统、外部环境系统，提出了优化教学生态、落实三位一体的培育模式、确定知行并进的教学体系的三条方案。刘蓉、陈伟莲（2019）则构建了航运人才的生态系统，认为该系统受人才、环境两个方面共九个因素的影响，并将系统因素分为人才市场、高等院校、国家政治环境及人文环境四个层面，针对各层面提出了人才培育的具体细则。王璐瑶（2019）则积极响应"一带一路"倡议的大背景，认为我国应该建成以新工科为核心的人才培养体系，以四维复合能力培养模型为范式，以协同共演的生态系统观为框架，搭建与外界互通的开放式培养体系，为国家培养高素质人才。

第二，高校背景下的人才培养系统搭建。近些年来，越来越多的学者将人才培养这一课题的研究视角投入到高校之中，通过校企合作模式，提升高校人才培养的质量。闫智勇、毋丹丹（2009）率先就职业教育人才培养体系进行了研究分析，认为：职教生态系统是由职业教育与环境组成，通过人员流动、能量流动、物质循环与信息传递等相互作用构成相互联系、相互制约，并具有自调节功能的社会—经济—自然复合体。只有通过优选规划方案，遵从人类社会行为规范和人类的情感态度才能够优化现有的环境问题。李枭鹰（2018）认为，大学人才生态系统建设的核心理念是开放性、异质性与耦合性的统一，其运行的基本机制主要分为：人才种核的凝聚激励机制、人才规模的临界突破机制、人才流动的边缘互动机制，可以通过树立开放的人才系统观、强化核心人才的凝聚与辐射功能、加强大学人才系统的边缘互动效应、形成良性人才竞争，提升人才培育能力。

王莉莉、刘鑫达（2022）以北京航空航天大学虚拟现实技术与系统国家重点实验室的虚拟现实专业高层次创新人才培养实践为例，构建了以学生为中心、"环（环境）—机（机制）—物（体系）"三个维度的虚拟现实专业高层次创新人才培养生态，突破了单一学科人才培养制约，形成了注重激发研究生"两力"（自我驱动力与协作能力）的培训机制，建立了基于"三结合"原则和"四课堂"培养的多学科交叉人才培养体系。为培育学科交叉的高素质人才奠定了坚实的基础。

(五)人口流动研究分析

目前,国内对于人口流动研究的维度主要是两个方面:人口流动对人才生态系统的影响;人才生态系统对人口流动的影响。其实,人口流动的研究是基于许芳(2007)提出的人才生态系统的生态原则中的"生态位原则"。生态位是个体所处的环境、利用的资源和存在的时间,也是生物在群落中所处的位置和所发挥的功能。因此,当生态位发生重叠时,为了避免竞争排斥现象,使相互竞争减少到最低限度,每一个人才生态位都要同其他的人才生态位明显分开,或者努力创造新的生态位空间,而这个过程就是人才流动的本质。

第一,人才生态系统对人才流动的影响。基于人才生态系统的基本构成,无论是自然环境与社会环境的视角还是宇观、宏观、微观生态系统,都会对人才的流动产生直接或间接的影响。李小聪(2008)认为,在人才生态系统中,每个人才都应有适宜自己发展方向的特定"生态位",人才的流动过程就是不断寻找和变换自身生态位的过程。每次变动基本都经历确定生态位、生态位偏离(理想与现实的差异)、重新寻找生态位这几步。曾建丽、刘兵、梁林(2017)认为,科技人才正是在生态系统中经历了一个完整的生命周期,才会产生人才的有序流动,从而达到系统的动态平衡与信息传递的功能。当人才生态系统处于健康状态时,人才开始聚集,经济效益明显提升;当人才生态系统处于亚健康的时候,产生恶性竞争,人才流向其他地区,经济效应下降。孙文霞、武博(2009)将"态势说"引入人才生态系统中,认为"态"指人才个体的状态,也就是人才在各类环境资源中所处的位置,"势"是指生物单元对各类资源的现实影响力或支配力。对于职业经理人,"态""势"也可以理解为:"态"是存在力范畴,"势"是发展力范畴。在人才生态系统中,两者是相互促进、互为因果的,正是因为"态"与"势"的不对等,才导致了人才流动的产生。

第二,人才流动对人才生态系统的影响。人才流动对于人才生态系统来说,既有好处也有坏处。曹大勇、冯天中(2005)就曾指出,人才的流动对于企业的好处是:树立危机意识、增强企业活力、约束经理人行为、增加忠诚度等;而坏处是:增加企业培训成本、导致核心技术与信息的流失、引起他人的人心浮动。由此可见，需要建立相关的制度与规范，防止人才过于频繁地流动，一定程度上遏制因人才流动所导致的弊端。

第三，研究部分特定人群的流动原因。除了研究人才流动与人才生态系统之间的相互影响外，也不乏一些学者借助人才生态系统，对特定人群的流动背后的原因进行分析。高俊（2017）针对创新型人才的离职倾向展开研究，基于兰州市进行实证研究，采用 Logistic 回归模型对数据进行回归分析，最终得出创新型人才主要受到前工作的适应程度、自身对当前工作薪酬的满意程度、对工作区域绿化的满意程度、对工作区域环境卫生的满意程度、对企业在工作中提供支持的满意程度、对企业给予员工福利保障的满意程度、对企业制定激励员工政策的满意度等 9 个因素的负向影响显著，并针对影响因素提出了改善意见。林琳（2017）研究了民族地区高校教师人才流失的问题，通过对人才生态系统的微观、中观与宏观环境的分析，认为诸如个体能力、社会资本以及社会保障等多方位外部的拉力与推力因素是致使人才流失的主要因素。

（六）人才生态系统的测量及指标体系

针对不同视角下的人才生态系统，我国学者对各类人才生态系统的研究给出了一套评判体系与标准，为后续的实证建立了评价标准。王顺（2004）针对城市人才环境，将人才环境分为：人才市场环境、经济环境、文化环境、社会环境、生活环境和自然环境六个子目标，构建了一套城市人才环境评价指标体系。随后，李锡元（2006）从马斯洛需求层次理论和勒温的心理力场理论构建了人才生态环境评价体系的基础、社交、最高三层共十四个指标。邱安昌（2008）以东北的人才体系为研究对象，认为人才环境可以细分为硬环境与软环境两类，并以此视角共归纳出了 14 个具体指标。黄梅（2009）将人才生态系统中的生态环境细分到自然、生态与规范环境，借助了管理熵的相关研究成果，从熵流分析的角度，以熵变关系作为检验和判断人才生态区发展方向的理论和方法，通过建立影响人才生态区熵流的评价指标体系，构建人才生态区发展模型，以此来监测人才生态区运行状况。颜爱民、李顺（2009）首次采用实证的方法，通过问卷调查和探索性因子实证分析得出企业人力资源生态系统稳定性影响因素包括六个维度：领导者特质、员工素质、人力资源管理制度、企业文化、企业比较优势和企业外部环境。顾然、商华（2017）将生态系统进一步细分为：微系统、中系统、外系统和宏系统，在评价体系中创新性地引入了时间系统进行评价，提出要能够识别出处在不同职业生涯发展阶段的人才的特点和需求。

对于具有区域特色的人才生态系统，周方涛（2013）通过极大似然估计法对模型进行分析，得出创业支撑环境、经济市场环境、社会文化环境、生活服务环境都对科技创业人才生态系统起到正面的影响，随后依据层次分析法和数据包络分析法的各自特点构造了主体要素、服务与支持要素和环境要素3个一级指标，10个二级指标和39个三级指标的加权评价体系。钟江顺（2014）则指出，以往的研究缺乏对人才生态环境的整体测度并区分不同城市人才生态环境的差异，没有对人才生态环境的不协调进行论证，对此采用德尔菲法构建江西省人才生态环境评价的指标体系，覆盖了经济与城市发展状况、教育素质、社会发展情况与地理位置等维度。运用因子分析法对浙江省11个地级市进行了评价，证明了其普适性。林琳（2019）将目光聚焦到民族地区高校教师的人才生态系统之中，依据布朗芬布伦纳的人才生态理论，从宏观环境、中观环境、微观环境三个维度的二级指标入手，修正整合后构建了个体、职场、社会三类共9个三级指标，为高校人才生态系统提供了量化的考核标准。

对于人才生态系统与创新绩效的融合方向，张雯（2021）基于Hult和Ketchen等提出的"战略资源—战略行为—战略绩效"框架，将人才生态系统视为组织的一种战略资源，以可操作性、系统性、有效性为原则，分别构建了人才生态系统、组织创新行为、组织创业绩效的评价指标体系，补充了原有仅构建了组织创新行为为中介变量，分别探究个体与种群生态系统如何通过中介变量进一步影响组织创新绩效，以及人才生态各因子对其的调节作用的模型框架。

（七）人才生态系统文献评述

本节分别从起源、研究维度、评价指标三个方面，全方位地归纳了国内外关于人才生态系统的研究现状。通过整合发现，既有的所有研究呈现以下几个特征：①体系构建基本完善。人才生态系统这一概念最早是从生物学科演化而来的，从最开始对基本结构的补充，到针对不同学科、不同区域、不同行业、不同政策的拓展研究，人才生态系统的组织架构及运作模式得到了充分的研究与优化；②研究仍以系统构建为主。虽然结合不同场景与人才，将基础系统进行了拓展，但目前的研究仍停留在理论层面，缺少实证的支撑，仅有少部分学者通过回归方程，分析了哪几种环境因素会对人才生态系统产生影响。鲜有学者以生态系统作为因变量，探究企业的人才生态系统对组织绩效、企业文化氛围、员工离职率等的影响。即使建立了部分人才生态系统的评价指标，也缺少实证；③以宏观为主，缺少特定场景的研究。因为人才生态系统的特殊性，使其具有明显的异质性，而目前学者的研究视角均以某一行业、某一人群或某一区域为主，没有下沉到具体企业；④没有时间变量的引入。通过总结，本书认为，目前的研究呈现点状分散，并没有探究某一场景下的人才生态系统是否会随着时间的推移产生具体变化，缺少面板数据的分析对比；⑤没有对比研究。如同一个企业在不同区域人才生态系统横向的对比分析，国内外不同文化氛围下人才生态系统的变化等。

针对以上的研究特征，本书认为，人才生态系统这一课题仍有较大的研究价值，未来可以从以下几个方面进一步进行拓展研究：①增加实证研究。未来可以增加以下几个方向进行实证研究：第一，以企业行业、领导关系图式、企业氛围、职工学历、职工年龄等为控制变量，探究在同一时间段，是否建立了人才生态系统对企业绩效有何不同的影响；第二，以某一特定企业、特定行业的企业为研究对象，加入时间变量，研究在不同时期、不同政策下，人才生态系统是否有所变化；第三，以人才生态系统作为因变量，拓展除环境因素外，是否有影响系统的其他因素；第四，研究不同文化背景下，如中外，西部与东部地区的人才生态系统是否有差异。②加大对人才评价系统的研究。未来可以结合人才生态系统，构建不仅局限于企业创新绩效的评价指标体系，并利用评价体系对企业发展提出建议。③加强对人才流动的研究。已有的研究基本都是从生态位出发，研究了导致人才流动的原因，未来可以探究除了人口流动与人才生态系统之外，还有哪些要素起到了中介或者调节作用。

二 协同创新研究现状

（一）协同创新研究的起源与发展

"协同"一词，最早是由 Ansoff 于 1965 年在 *Corporate Strategy* 一书中提出的，她认为协同是指相对于各独立组成部分进行简单汇总而形成的企业群整体的业务表现，是在资源共享的基础上，两个企业之间共生互长的关系。随后，德国斯图加特大学哈肯教授于 1971 年再次整合，并于 1977 年正式建立了"协同学"的理论构架。哈肯指出：系统中各要素通过协调、合作或同步的联合作用及集体行为，结果产生了"1+1>2"的协同效应；此外，系统内部各要素一般通过"序参量"促使系统从无序状态自行调节并向着更为有序的状态演化发展。由此可知，协同所强调的是系统通过内部各部分相互配合，产生了更大的总体效应。

基于"协同"这一基础概念，Peter Gloor 提出了"协同创新"，强调了协同创新需要主体之间形成网络互动，进行思想、技术和信息等各方位之间的交流，最终达成既定目标。Serrano V 和 Fischer T 则认为，协同创新就是在创新的过程中运用协同思想，各创新主体通过沟通、协调、合作、协同将思想、知识、技术和机会进行跨界共享，达到质变效率和创造价值的目的。陈劲等（2012）率先对协同创新的理论基础与内涵进行研究，认为协同创新是各个创新要素的整合，其中知识是协同创新的重要因素，知识增值是协同创新的核心再创新。赵立雨（2012）则根据既有的理论基础，提出了技术创新网络扩张概念，认为协同创新对技术创新网络扩张具有极其重要的促进作用，应该建立以实现资源共享为核心的合作机制，促进知识的扩散与共享，实现技术创新网络的有效扩张。刘丹（2013）则认为，协同创新网络是一个自增益循环的生态系统，因此具有复杂性、动态性、系统性、开放性、中心性、协同性等特点,其系统健康的发展取决于自组织协同与政府的主导与制度两大因素。

(二) 协同创新研究的内容与维度

协同创新的基本理论的基础是由系统科学、复杂网络、开放式创新、三螺旋理论四部分所构成,其本质就是合作,由企业、政府、研究机构、中介机构甚至消费者通过特定的契约关系构成的复杂网络。其中:政府起到主导作用;高等院校是系统中的主力军;科研机构是实现科技创新、促进科技成果转化的主体;行业企业是技术转化的最终服务对象;科技中介是协同创新系统中的桥梁和纽带。根据其实现途径,可以将所有的协同创新分为内部与外部两种,其中内部协同创新主要是依赖企业集团各个子企业和企业各个职能部门,通过它们之间的战略、制度和技术等方面的相互协作从而实现目标;外部协同创新就是企业与政府、学院、研究机构共同开展协同创新活动,衍生出了区域协同创新、产学研协同创新、政产学研协同创新、产业协同创新等。因此,接下来就以此视角进行总结归纳。

第一,内部协同创新研究。对于内部协同创新的研究,主要从战略、管理、文化、制度、组织、市场等关键因素进行分析研究。张钢(1996)指出,因为我国技术、组织、文化创新的协调力不足,导致协同创新进程受阻,对此提出了三者相互匹配的分析框架与一般模式,强化企业内部 R&D、制造与营销的有机结合。许庆瑞(2004)则深入调研了中兴 17 年的发展历史,进一步将协同创新细分为技术创新主导、制度创新主导及二者共同主导三种模型,并认为可以进一步将技术创新分为产品和工艺的创新;制度创新细化到非技术要素的创新。针对企业内部技术与非技术要素,张方华(2016)指出二者的协同能显著促进内部要素全面协同,企业内部要素的全面协同通过动态能力这一中介变量的影响,促进了企业整体创新能力的提高。

在熊彼特构建的以"创新"为核心的单侧研究机理上,徐英吉(2007)将技术创新与制度创新纳入新古典经济学分析框架中,构建出基于技术创新与制度创新协同模型的企业持续成长创新理论,研究技术创新与制度创新的投入,对企业持续成长的影响及其作用机制。

郑刚、朱凌（2008）以海尔集团作为研究对象，首次提出了各创新要素全面协同的概念，提出了 C^3IS 五阶段全面协同过程的模型，认为协同创新一般需要经过沟通、竞争、合作、整合、协同五个阶段。许庆瑞、谢章澍（2022）则以企业的生命周期为时间轴，在不同阶段，协同创新体现在技术创新主导型、制度创新主导型或两者共同主导上。全利平、蒋晓阳（2011）将视角放在协同创新上，将协同创新分成了管理协同、组织协同与战略协同三个阶段，其中管理协同阶段主要的任务是建立利益分配、沟通协调等机制；组织协同阶段主要是组织文化、主人翁意识的培养；战略协同阶段主要是组织学习机制和文化创新机制的建立，实现知识的共享。甄晓非（2013）则通过问卷调查进行分析，认为协同氛围、激励机制因子、组织结构因子、信息桥梁因子与横向互动因子共同影响协同创新过程。陈劲（2006）研究了集团内部不同企业之间的协同创新，指出战略、组织与支撑条件是共同影响协同创新过程，最终对创新绩效产生间接影响，并归纳出科技、市场、文化为协同创新的三种驱动力。

曲洪建（2013）将既往的研究分为两要素协同创新模式、三要素协同创新模式、多要素协同创新模式并对各自模式的优劣进行了对比，从而展望了未来的研究方向。解学梅、方良秀（2015）归纳、筛选和提炼了国内外协同创新的主要模式，包括研发协同、创新外包、专利许可或技术转让、双元协同创新模式。危怀安（2013）则将协同创新的运行机制归纳为动力机制、过程机制、转移机制、支持机制及产出转化机制五个方面，弥补了对其运行机制研究的空白。马伟（2014）、杨林（2015）研究了协同创新的动力并将其分为以降低创新成本、公摊创新成本为目的的内在动力与由技术推动力、市场需求拉动力、市场竞争压力和政府支持力四种构成的外在动力，企业需要发挥目标契合的序参数的聚合效应，综合协同创新应综合内外创新驱动力来提高协同创新绩效，提升企业可持续发展。

第二，外部协同创新研究。对于外部协同创新的研究，可以将其归纳为横向与纵向协同创新两大类。其中，横向协同创新主要是指同一大类产业中细分产业主体间的协同，如产学研协同创新、政产学研协同创新、区域协同创新等；纵向协同创新主要是指同一功能链不同环节上的产业主体间的协同，如产业协同创新等。

（1）产学研协同创新。该方向的研究热潮追溯到胡锦涛同志在清华大学百年校庆的重要讲话，该会议指出我国高校特别是研究型大学要同科研机构、企业开展深度合作，积极推动协同创新。这是第一次以国家的高度对产学研提出要求，其意义十分重大。随后，菅利荣（2012）分析了国际上典型的产学研协同创新机制是不同创新主体通过基于价值增值的知识流动联系在一起，在流动中实现价值增值。通过借鉴，我国可以开发专利协作模式，发展产学研协同创新的组合模式，建立产学研网络型创新模式。

对于产学研的具体模式，徐莉、杨晨露（2012）对企业主导型、大学或科研院所主导型及政府主导型三种产学研协同创新的组织模式进行了横向比较分析，推动了产学研的研究发展。何郁冰（2012）则构建了"战略—知识—组织"三重互动的产学研协同创新模式，通过综合考虑"互补性—差异性"和"成本—效率"的动态均衡来提升协同创新绩效。叶伟巍（2014）借助了复杂系统理论中经典的"B—Z"反应模型，发现企业吸收能力是当前我国创新系统主导产学研协同创新的主导因素，在不同政策激励条件下吸收能力的作用均举足轻重。何郁冰（2015）从关系嵌入（关系强度）和结构嵌入（网络密度）的角度，研究网络嵌入性对产学研协同创新模式的影响，划分出强关系稀疏网络、强关系稠密网络、弱关系稀疏网路与弱关系稠密网络四种类型。原长弘（2019）针对以企业为主导的协同创新系统，构建了由四个外部体系、七个内部模块构成的双环系统，政府与市场为外部双元驱动力。

在协同创新基础的流程之上，不同学者基于不同的学科视角，对其进行了补充说明。吴悦（2012）率先基于知识协同的前提条件从准备、运行、终止三个阶段构建了产学研协同创新的知识协同过程模型，并对其过程中的关键环节予以描述；从环境因素、协同意愿、产学研合作模式、知识差异四个方面探讨了产学研协同创新中知识协同过程的影响因素。王进富（2013）基于协同学、生态学等相关交叉学科的理论整合，针对创新行为内嵌于产学研协同创新全过程的特征，将产学研协同创新行为分为酝酿期、接洽期和运行期3个阶段，提出了从动力协同、路径协同、知识管理协同3个方面构建产学研协同创新机制。涂振洲、顾新（2013）则基于知识流将产学研协同创新过程分为知识共享、知识创造和知识优势的形成三个递进演化阶段。

（2）政产学研协同创新。政产学研同样是由"2011计划"所提出的核心内容之一，相对于产学研而言，该系统更加强调政府的参与。孔祥浩（2012）将政产学研定义为"四轮驱动"结构模型，即企业、大学（或科研机构）、政府和产业是该结构的四个核心要素并分析了这四要素之间的互动结构。原长弘（2015）以陕西工业技术研究院与陕西汽车集团有限责任公司为研究对象，采用单案例研究方法，发现政产学研成功提升企业竞争力是一个连续的动态递进过程，依次经历利益诉求趋同、创新平台成功建立、项目研发和产业化成功、政府与市场二元驱动此消彼长四个关节点，在此基础上，选择合适退出方式、构建永续运行机制有助于政产学研用协同持续创新。吴洁（2019）构建了政府引导、高校牵头、企业参与的协同创新三方演化博弈模型，分析了政产学研三方在协同创新过程中的策略选择，并用仿真分析研究了政产学研协同创新策略选择的影响因素，发现政府、企业和高校受彼此参与意愿的影响程度不同；政府不同的激励机制对企业和高校的影响存在差异；企业对惩罚力度和收益分配更加敏感。

为验证政府的支撑是否对产学研协同创新系统起到促进作用，白俊红（2015）利用2004—2013年我国30个省份的地区面板数据，通过分析发现，除西部地区外，全国、东部和中部地区的计量经济模型均显示政府科技支持对产学研协同创新具有显著的促进作用。在控制变量中，就全国的研究结果来看，地区经济发展环境、地区人力资本环境、地区对外开放环境和地区基础设施环境对产学研协同创新均具有显著的促进作用。

（3）产业集群协同创新。产业集群理论最早是由管理学家迈克尔·波特于1990年所著《国家竞争优势》一书中正式提出的，随着经济的发展，区域经济得到越来越多的重视，最终产业集群定义为具有产业关联性的企业在一定地域范围内的集聚，这些企业构成一个相互协同创新的不断进化的开放性系统。胡恩华（2007）认为，良好的群外环境对于集群的健康发展起到了至关重要的作用，并以集群创新企业与群外环境之间的协同创新关系为主线，着重对协同创新内涵、一般过程、适应机制和影响因素进行分析。范太胜（2008）探讨了产业集群创新网络的协同创新机制，从创新网络的动力机制发展轨迹来看，产业集群创新网络的协同创新机制发展经历了两个阶段，即：从产学研协同机制发展到创新网络的协同创新机制及从契约主导型协同机制发展到生态型自发性协同机制。解学梅（2008）将科技产业集群持续创新系统分为三个子系统：创新主体系统（生产型创新主体和研究型创新主体）；创新支撑子系统（创新基础设施和科技中介机构）；创新环境子系统（政府、政策规制，集群文化环境和金融制度体系）。结合国外的相关研究，得出产业链、价值链和知识链是创新集群构建协同合作关系的三大核心纽带。

基于高新园区产业集聚具有脆弱性、缺乏完善机制、缺少本土文化等特征，于江（2008）从企业内、外部两方面对协同创新管理模式进行了分析，罗列了各自的优势与成本，以期为我国高新技术产业发展提供参考。杨耀武（2009）构建了产业、技术和区域"三维整合"的产业集群协同创新框架模型，探讨了创新驱动型产业集群从"集聚"到"集成"再到"集群"的发展路线图。李大庆（2013）针对科技型小微企业，提出当集群结构不均衡时，可以选择联盟模式、学研协同创新模式、依附于大中型企业的协同创新模式其中之一；当集群结构均衡时，选择协同创新模式。万幼清、王云云（2014）认为，企业间不同的竞争关系需要选择不同的产业集群协同创新，总结出混合协同适用于同质类企业的依附型竞争或异质类企业的共生型竞争；纵向协同适用于异质类企业的附型竞争；横向类企业适用于同质类企业的共生型竞争。

（4）区域协同创新。许彩侠（2012）率先讨论了国内部分地区正在推行的"创新驿站"技术转移模式，提出了新型的区域协同创新机制，即构建包括研究型大学、技术中介机构、中小企业以及政府

"四位一体"的区域协同创新体系,许彩侠认为,该模式能够统筹四大主体的资源,充分发挥各主体的优势,适应我国加快推进自主创新体系建设的要求。王志宝(2013)则重新定义了区域协同创新,认为狭义的区域协同创新是指区域科技创新的协同,而广义的区域协同创新是指区域协调发展的高级阶段,是指一定区域内各地区之间通过协同相互之间的人口、社会、经济、环境等方面的发展速度、规模、结构来实现整个区域的效益最大化。康健(2013)将三螺旋模型中的企业维度区分为生产性服务业和制造业两个具有不同特征并互动演化的亚类,依据 SCP 分析范式,解析"大学—政府—生产性服务业"和"大学—政府—制造业"两个并行三螺旋协同创新结构,丰富了三螺旋体系。赵增耀(2015)则基于价值链活动,将创新过程划分为两个相互关联的子阶段(知识创新和产品创新),在此基础上,将空间溢出和价值链溢出纳入统一的分析框架中,检验中国创新效率的多维溢出效应。

(5)高校主导协同创新。所谓高校主导协同创新,就是高校与企业、科研院所之间,围绕国家重大战略需求、重大科技项目、解决行业关键和共性技术以及生产实际中的重大问题,投入各自的优势资源和能力,从而实现重大突破与创新活动的过程,是自身发展的必然也是社会发展的要求。

李祖超(2012)探讨了高校主导的协同创新运行机制的基本内涵,认为其主要动力是来源于高校对知识和真理的追求,通过内、外两种渠道进行实现。其中,内部实现方式主要是跨学科研究协同创新;而外部的实现方式主要是大学创办经济实体、共建大学科技园、联合培养人才等。邵云飞、杨晓波(2012)指出,高校在整个协同创新系统中具有知识创新和知识传播两大主体功能,从现有的高校协同创新平台来看,主要有两种形式:一种是成立独立的法人实体,如浙江大学创新技术研究院有限公司,创新研究院以有限责任公司的企业化方式运行;另一种是建立协同创新联盟、创新战略联盟或者协同创新中心,如天津化学化工协同创新中心。董馨(2014)从宏观、中观、微观层面解析了以高校为主导的协同创新机制,即:宏观层面以问责机制调控校企协同创新行为；中观层面以价值共建推动资源整合；微观层面以知识服务推动人才培养和技术转移。

就目前来看，以高校为主导的协同创新机制还存在很多缺点。赵哲（2014）认为，推动协同创新机制建设的策略是健全政府调控管理机制，建立合理的利益分配机制，建立科学的风险分担机制，建立全面的资源共享机制以及建立长效的校企沟通机制。崔民日（2015）认为，要想实现协同共赢，就必须通过加强"四共同"内涵对接，即：共同育人、共享师资、共建平台、共同研发；建立健全体制机制；出台相关政策法规；借助外部合作资源等措施保障产教融合获得实效。

此外，纵向协同创新主要是指在同一个生产链、供应链上不同地位企业之间的协同。何勇等（2007）以退货政策模型为例，证明采用供应商和销售商共担创新成本的模式可以解决单纯的退货政策无法实现供应链协作问题，证明采用创新成本共担的退货政策模式的效果等同于利益共享契约模式从而最终实现帕累托最优。张巍（2009）研究了一个由供应商、制造商、销售商组成的三级供应链，建立了具有纵向溢出效应的供应链企业间协同创新模型，运用 Shapley 值法探讨了三方协同创新的收益分配问题。张旭梅等（2008）提出了供应链上所有成员（包括客户）在产品设计、产品制造、产品运输、市场营销等整个产品生命周期上协同创新的内涵及其运作过程，并分析了协同创新存在的问题，提出了供应链企业间协同创新的实施策略。李军（2016）认为，供应链企业协同创新利益分配问题实质上是一个 N 人合作博弈问题，经过既往的研究的整理，提出了综合考虑创新资源投入、创新创造收益和创新承担风险的夏普利值法改进模型，用于解决供应链企业协同创新利益分配合理化问题，经过仿真计算，证明了该模型在研究一个由单个供应商、制造商和销售商组成的三级供应链协同创新联盟的利益分配问题上具有有效性与适用性。

（三）协同创新的测量及指标体系

（1）协同创新绩效。张琴清、李志强（2015）经整理发现，仅针对协同创新系统进行测量与绩效考评的相关文献较少，其中最为典型的有：水常青等（2004）以中国大中型工业企业为研究对象，对各项协同创新要素进行实证分析，研究结果表明，对协同创新效果影响比较大的因素依次为：成员之间的相互信任程度、领导的重视程度、项目负责人的能力、信息技术的使用情况、组织结构、沟通、创新型文化、创新战略以及薪酬制度等；万幼清等（2007）从知识的视角考虑，认为企业的科学知识存量、彼此间的知识转移能力以及知识的特性等因素对协同创新绩效的影响比较大；F. Decheng 等（2009）将投入、产出、环境及合作机制等引入协同创新绩效指标体系中，认为协同创新绩效受到投入、产出、环境及合作机制的影响；谢思全等（2014）认为，创新行动的协同性、协同创新能力以及环境影响企业的协同创新绩效。

而针对测量方法，不同的学者也给出了不同的方法。季宇（2007）将柯布—道格拉斯生产函数的思想与 U/I 知识联盟的协同创新相结合，构建了新的绩效评估方案；李鹏等（2013）运用 DEA 方法消除了外部各方面因素的影响进行了绩效分析；谢思全（2014）提出了综合评价方法；林健（2013）运用结构方程统计软件 AMOS 16.0，从创新资源整合和团队互动两个角度测量了协同创新绩效；李林等（2013）运用评价物元模型，分析了协同创新绩效各项指标的关联度；孙思思（2013）运用熵权 TOPSIS 法构建了以市场为导向的产学研协同创新绩效评价模型。

（2）产学研协同创新绩效。根据产学研协同系统的特点，周晓阳、王钰云（2014）将其分为对产学研合作创新投入转化为成果的效率的评价、对创新成果产生的经济效益的评价和对产学研合作各方满意度的评价三个方面，对产学研协同创新绩效的评价仍按照投入—（过程）—产出系统进行评价，只不过对投入、过程、产出层面的评价更为细化。孙善林（2017）则构建了包括"显性绩效""隐性绩效"和"协同绩效"三个维度的产学研协同创新项目绩效评价指标体系。而王海军（2017）在传统的产学研研究上加入了供应链理念，设计了系统的、相互关联的"产学研+"协同创新绩效评价指标体系，包含先进性、经济性和可靠性指标 3 个一级指标及所含的 9 个二级指标。

（3）区域、产业集群协同创新绩效。基于科学性、定量与定性指标相结合、静态与动态指标相结合、可比性和可操作性原则，不少学者开始就区域创新能力、企业创新、产业集群创新能力等评价指标做出了相应的研究。通过总结发现，学者们对于区域/产业集群创新能力评价的指标主要集中于"创新投入""创新环境""创新服务支撑能力""产出绩效"等方面；也有针对知识创新能力、网络能力等进行指标体系的搭建。

万幼清（2007）认为，产业集群中存在着大量的知识积累与转移，因此，企业的知识基础存量、企业之间知识转移能力、知识的复杂性、企业的创新动力、企业的创新能力、企业之间的协同程度等都会影响产业集群协同创新。欧光军等（2013）在产业集群创新能力评价指标体系的基础上，设计出了以主体系统、创新系统功能绩效和核心环节支持系统为主的三个一级指标，每个指标下设二级指标，共计33个具体指标。刘志华（2014）从协同投入、协同过程、协同产出、协同影响四个一级指标入手，构建了51个指标，根据指标值模糊性和随机性特点，又提出了基于云理论的区域科技协同创新绩效评价模型。鲁继通（2015）运用复合系统协同度模型，从知识创造和获取能力、技术创新和应用能力、创新协同配置能力、创新环境支撑能力、创新经济溢出能力5个要素，选取了31个有代表性的评价指标。李美娟（2017）则认为，为了解区域协同创新能力的发展水平及变化态势，必须进行动态的评价，也就是在灰靶理论基础上，增加时间维度，提出基于灰靶理论的动态评价方法，利用靶心度可以进行模式识别、分级和选优。

在确定了指标体系后，对应的评估方法也孕育而出，主流的评估方法有：DEA评价法、主成分法、聚类分析法、因子分析法、模糊分析法等。张哲（2008）运用超效率DEA模型，设计了六大集群创新投入指标，通过收集投入产出指标，求解出MC^2R模型即可得出各个产业集群协同创新绩效结果；胡晓瑾、解学梅（2010）则采用了模糊综合评价法构建评价模型，以评价指标为制约因素，对区域技术创新能力做出总体的评价；方永恒（2012）采用相应的主成分分析法，将这相关变量通过线型转化为另一组不相关的指标变量，最终构建出产业集群协同创新能力评价函数。李林（2013）则运用了能够避免评价信息损失的二元语义模型进行评价，极大地提高了评价的准确度。

（4）高校主导协同创新绩效。以高校所主导的协同创新，其目的不是"独赢"而是"共赢"。因此，在绩效设计过程中所重视的是结果而不是过程，即：着重考察资源投入与产出之间的关系，期望通过绩效评价给协同创新中心施加正反馈，找出存在问题，优化资源配置。

李恒、李佳凤（2013）认为，高校主导的协同创新兼具政府公共职能，需要多参考政府及非营利组织的评价方法，对比说明了数据包络法、关键绩效指标法、平衡计分卡、目标管理法与基于投资社会回报的绩效评价方法的优劣性。最终得出，在建立校企协同创新绩效评价时需要引入第三方评价体系、选择科学的评价方法以及构建合理的评价指标体系。朱娅妮、余玉龙（2016）按照目标层、领域层和指标层确立高校产学研协同创新绩效评价指标体系，从投入指标与产出指标两个维度共同构建了整体体系。针对绩效评价方法，朱娅妮认为可以从层次分析法、模糊综合评价法、人工神经网络分析法和数据包络分析法等入手进行绩效的评价与评估。

（四）协同创新文献评述

通过对上述几个层面的分析可见，现有对协同创新这一课题的研究已经达到了一定的规模，存在着以下几个特征：①研究维度呈现多样化。从协议创新到产学研协同创新；从政产学研协同创新到区域协同创新；从产业集群协同创新到高校主导协同创新体系，都有较多学者进行了对应的研究，从而进一步丰富了协同创新体系。②研究链条完整清晰。从体系搭建、动力研究、影响因素分析、绩效考核指标搭建、绩效评价方法与具体企业实证分析这几个维度都已有学者进行了研究与分析，说明初步的整体架构已经搭建完毕。③研究内容相对割裂。虽然对协同创新这一热门课题的研究较多，但是每个研究板块之间没有相互融合，没有存在某一普适性的定论或体系。④缺乏实证支持。目前的研究以定性与系统性建设为主，而相关的实证性与普适性研究却较为缺乏。⑤研究细化不足。协同创新是一个较为宽泛的研究课题，从维度上还可以细化为战略协同、组织协同、知识协同、文化协同等，并没有对此进行更详细的研究。

因此，未来研究可以从以下几个方面入手：①进一步针对战略协同、组织协同、知识协同、文化协同等研究其影响因素及具体构成等。②对企业内部协同创新除了单独研究文化、战略、组织、制度、管理对企业协同创新的影响外，也可以结合不同的外部环境，考察不同结合程度下对协同创新的具体影响。③对比分析不同单位主导下的协同创新效率，加入时间变量，探究协同创新体系是否会根据时间推移有所更新。

三 企业创新绩效研究现状

（一）企业创新绩效研究的起源与发展

从1912年熊彼特在其著名的《经济发展理论》中首先提出"创新"的概念之后，创新逐渐受到理论界和实践界的广泛关注。创新绩效反映企业创新行为取得的成果，对企业的生存和发展至关重要。近年来国内理论界对创新绩效的影响因素进行了大量研究。

最早，德鲁克（1993）认为，创新绩效不仅是过程概念，还意味着与环境需求不一致性、生产程序需求、产业和市场的变化、人口统计的变化以及消费者对产品服务认识的变化等创新元素的重新组合，是一种整体性概念。库姆斯（1996）对大型企业创新战略进行了案例研究，提出创新绩效是企业研发投入和过程学习的结果表现，对于衡量研发人才创新活动是一个非常有效的关键指标。芒福德（2000）则认为，企业创新绩效包括两个方面：一是企业赖以生存发展的产品或技术；二是研发人员在创新目标实现过程中的知识发现、流程设计和创新氛围等所有过程因素。格利高里等（2002）认为，企业创新绩效就是创新过程中技术产出的绩效，直接体现的是企业新开发的产品。

而对于国内的研究，高建（2004）认为，企业创新绩效是技术创新过程的效率、产出的成果及其对商业成功的贡献，包括创新产出绩效和创新过程绩效。汪群等（2015）区分了创新绩效的个体层次和组织层次，提出个体层次的创新绩效主要是个体的原创性以及新颖的、对组织有潜在价值的产品、思想或程序；组织层次创新绩效是指原创思想在组织层面的成功贯彻实施而实现组织价值的增加。

由此可见,企业创新绩效有两种定义:一种是认为,以结果为导向,通过新产品、新服务、新专利来进行衡量;另一种是认为,以过程为导向,创新绩效转化为一些创新效用。随着研究的深入,越来越多的学者认为创新绩效是结果与过程的综合体,因此,企业创新绩效是指由企业创新活动带给企业的变化的总和,这些变化表现在企业销售利润的增长,新产品或新服务的开发,企业核心竞争的增强等,它是能力、过程与结果的综合,表现为企业的直接经济效益和潜在的发展能力等。

(二)企业创新绩效研究的内容与维度

针对创新绩效,大致可以将其分为国家、企业、个人三个层面,本节主要探讨的是企业侧面的创新绩效研究。通过对文献检索发现,对于企业创新绩效这一话题的研究文献有1600余篇,通过初步的筛查与剔除,剩余1200篇相关文献。通过对主要经典文献的阅读与回顾发现,目前对于企业创新绩效的研究主要集中在其影响因素上。经过对既有研究的归纳,本书认为其影响因子大致可以分为内部与外部两个方向。内部主要涵盖组织因素与个体因素两种,外部主要包含结构因素与环境因素。在这其中,组织因素主要表现在企业规模、激励机制、组织结构、企业文化、基础设施网络和设备水平等;个体因素主要表现在企业家、高管及技术人员;结构因素主要表现在供应商、买方、竞争者、用户、政府部门等;环境因素主要表现在行业的竞争与垄断程度、进出口、市场化程度、协调机制、政府政策等。

第一,组织创新绩效的外部环境。外部的环境包含两种:一种是结构因素,另一种是环境因素。外部环境很难主动出击并进行改变,通常需要企业就已有的宏观环境进行调节与适用。

①环境因素。周江华(2017)首先从政府的相关政策入手进行研究,分析得出政府的财政补贴和税收政策均对企业创新绩效起正向促进作用,且企业的创新合作行为在上述过程中起部分中介作用,企业创新能力同时调节创新政策对创新绩效的直接影响和间接影响。徐维祥(2018)利用双对数回归模型分析发现,财政补贴、企业研发对企

业创新绩效都具有激励作用；财政补贴与企业研发对企业创新绩效具有交互作用，且交互作用存在地域性差异，其中经济发达地区相比经济落后地区作用更为显著。温海琴（2022）基于上述研究，进一步得出了政府补助和税收优惠与创新绩效之间有显著的正向影响，且研发投入在二者间发挥中介效应，但政府补助与税收优惠针对性质不同的企业，对创新绩效的影响程度具有一定的差异性的结论。聚焦于中国情景下的制度环境政策，高辉（2017）认为，制度环境对创新绩效具有显著的正向影响；制度环境对公司企业家精神具有显著的正向影响；公司企业家精神对创新绩效具有显著的正向影响；公司企业家精神在制度环境与创新绩效之间起显著的中介作用。另外，企业家自恋和企业家职业经历分别对制度环境和公司企业精神之间的关系起显著的正向调节作用；企业家自恋和职业经历分别对公司企业家精神的中介作用起显著的调节作用。针对国家创新体系，吴晓松（2012）指出国家创新体系通过企业创新制度与能力的中介效应，对创新绩效产生正向影响。

除了政府的相关政策外，数字化进程同样会对企业的创新绩效产生影响。易靖韬、曹若楠（2022）就基于数字化的浪潮，采用逐步回归法、Sobel检验和Bootstrap检验等方法进行实证检验，发现流程数字化对企业二元学习和企业创新绩效都具有正向影响；企业二元学习对于流程数字化与企业创新绩效的关系发挥了部分中介作用；二元学习的相对平衡正向调节了流程数字化与企业创新绩效的关系，而二元学习的综合平衡的调节作用则不显著。

②结构因素。针对创新链上各个企业之间的资源整合，郑素丽（2008）率先指出组织间资源对企业技术创新绩效有积极的影响作用，其途径主要是通过影响企业技术能力和相对议价能力继而作用于其创新绩效。其中，治理模式和产业技术机会在此过程中起到中介效应。随后，基于开放式创新理论和资源基础理论，引入双元性创新这一中介变量，付丙海（2015）认为，纵向与横向的资源整合都对创新绩效有正向影响且前者影响更大；开发式创新和探索式创新都对创新绩效具有显著正向影响，且前者作用更大，但它们的交互作用对创新绩效

具有显著负向影响。进一步针对供应链上的企业，曹勇（2022）以制造业为例，认为供应链协同对创新绩效和战略柔性均具有正向影响；战略柔性在供应链协同与创新绩效的相互关系中起中介作用；环境扫描能正向调节供应链协同与创新绩效之间的关系，而且环境扫描的调节效应是通过战略柔性的中介作用实现的，即环境扫描在供应链协同与创新绩效之间发挥了有中介的调节效应。

第二，组织创新绩效的内部环境。内部环境主要特指的是企业的内部，由个体与组织因素构成，本节就依此结构对既有文献进行总结与罗列。

①组织因素。企业是一种资源的集合体，包含劳动者、土地、管理者才能与资金。而其中，企业智力资本包含人力资本、结构资本与关系资本三个主要因素。蒋天颖（2009）通过分析得出，人力资本不仅直接影响结构资本，还能通过关系资本的中介作用，对结构资本产生间接的影响作用；企业智力资本三个因素对组织学习均产生了积极的影响；人力资本对企业创新绩效存在着直接影响；而结构资本、关系资本对企业创新绩效存在着间接影响，通过组织学习而实现。除资源外，企业内外部知识还存在异质性，叶江峰（2015）选取上海、江苏和浙江261个创新类企业为样本，结果发现，外部知识异质度对创新绩效具有倒U形效应；内部知识异质度对创新绩效仅仅存在正向的线性效应，没有曲线效应；不同类型的战略柔性对内、外部知识异质度与创新绩效关系具有不同的调节效应，其中资源柔性仅仅对内部知识异质度和创新绩效关系具有显著的正向调节效应，而协调柔性仅仅对外部知识异质度和创新绩效关系具有显著的正向调节效应。

企业的组织氛围很大程度上是构成组织因素的一大重要要素，郑建君（2009）通过研究，发现组织创新气氛是一个包括激励机制、领导躬行、团队协力、上级支持、资源保障、组织促进、自主工作在内的七因素模型；对10家企业共获得有效数据413份，进行了验证性因素分析，结果显示：基于中国文化背景编制的组织创新气氛问卷具有良好的效度和信度；同时，运用层次回归分析法还发现，组织创新气氛在员工创新能力与创新绩效关系中具有显著的调节作用。朱兵

(2010)认为，创新型企业文化对企业创新绩效有直接的显著影响，同时还通过探索式学习对企业创新绩效产生显著的正向间接影响。张爽（2022）采用了发放问卷的实证研究方法，在技术型企业中收集数据，运用分析软件得出：创新氛围显著正向影响知识吸收能力与创新绩效；知识吸收能力显著正向影响创新绩效；知识吸收能力在创新氛围与创新绩效之间具有部分中介效应。

除了组织氛围外，企业的开放程度与信息互换能力也尤为重要。陈钰芬（2007）从开放的广度和深度两个方面测度目前中国企业技术创新的开放度，分析了不同产业的企业开放度对创新绩效的影响，发现目前我国企业在技术创新活动中开放程度比较低，企业在技术创新活动中向外部组织开放有利于提高创新绩效。对于科技驱动型产业的企业，开放度对创新绩效呈倒 U 形的二次型曲线相关关系；经验驱动型产业的企业，开放度对创新绩效呈正线性相关关系。

作为现代化的企业，其互联网位置与能力的重要性也尤为突出。钱锡红（2010）认为，占据网络中心和富含结构洞的网络位置有利于提升企业创新绩效，位于网络中心的企业要比位于网络边缘的企业从间接联系中获得更少的创新收益，而拥有丰富结构洞的企业要比拥有较少结构洞的企业从间接联系中获得更多的创新收益。互联网的嵌入，对企业的创新绩效也有正向作用，彭英（2022）认为，结构嵌入对企业创新绩效具有正向影响，同时关系嵌入也显著正向作用于企业创新绩效；研究还发现，在网络嵌入与创新绩效间的关系中，吸收能力一直发挥着部分中介的作用。

②个体因素。根据大量的文献阅读，笔者认为，目前已有的研究均认为领导高管的角色占据主要地位，柯江林（2009）认为，团队领导者的变革型领导风格对团队创新绩效有积极影响，而知识分享与知识整合正是这种影响的中介机制。除变革型领导外，王飞绒（2012）发现，交易型领导风格中的权变奖励、主动例外管理对创新绩效具有积极的影响，变革型领导风格中的智力激发、鼓舞性激励对创新绩效有积极的影响，组织学习在两种领导风格与创新绩效之间都起到了完全中介作用。杨林（2018）构建了 TMT 海外经验（含职能经验和行

业经验)、研发投入强度与创新绩效关系整体研究框架,根据实证发现,TMT海外职能经验和行业经验会对企业创新绩效产生显著的正向影响,同时也会通过研发投入强度驱动企业创新绩效,而研发投入强度在TMT海外职能经验和行业经验与创新绩效的关系中发挥关键联结作用。李敏(2022)为解决高管团队异质性与企业创新绩效之间关系的争论将企业创新绩效分为创新过程绩效与创新产出绩效两个维度,发现高管团队异质性与不同维度创新绩效之间的关系存在差异,职业背景及任期异质性对过程绩效有积极影响;性别异质性与过程绩效之间存在显著负向关系;专业背景及年龄异质性与产出绩效有着正向关系;教育水平异质性未被证实与创新绩效之间存在显著关系。进一步检验行业背景调节作用时发现,除却对教育水平异质性与创新绩效关系的调节作用不显著外,在高管团队年龄、职业背景、性别、专业背景以及任期异质性主效应模型中的调节效应均显著。为研究内部控制、高管激励与创新绩效之间的关系,许瑜(2017)发现,薪酬激励的增加对于促进高管进行创新活动起到推动作用,在内部控制有效性充分的环境下,高管激励与创新绩效的正相关关系会显著增强。进一步研究发现,内部控制治理效应的有效发挥促进了创新产出对企业绩效的正向影响。

其中,另一个较为重要的影响角度便是员工层面,黄亮(2015)以员工幸福感是否会影响企业创新绩效为出发点,探讨了73个工作团队,通过实证发现,组织自尊在工作幸福感和创新绩效之间起中介作用,但内部人身份感知在工作幸福感和创新绩效之间没有起中介作用。交易型领导对员工的组织自尊与创新绩效关系,以及对员工的工作幸福感通过组织自尊影响创新绩效的间接效应均具有跨层次的负向调节作用,但它对员工的内部人身份感知与创新绩效关系,以及对员工的工作幸福感通过内部人身份感知影响创新绩效的间接效应均没有显著的跨层次调节作用。王娟(2016)则认为,员工的学历水平同样会影响企业创新绩效。通过调研发现,企业员工学历越高、受教育年限越长,企业创新绩效越高,在进一步引入产权结构后发现,在国有及国有控股企业及民营企业中,员工学历对企业创新绩效的促进作用明显减弱，而在外商和港澳台企业中的促进作用更加显著。

对于近年来较为热门的股权改革的话题，也有不少学者对此进行了研究与分析。刘红、张小有（2018）通过研究沪深两市2008—2015年上市公司实行股权激励计划的数据发现，核心技术员工对公司技术创新绩效具有显著的正向影响，表现为核心技术员工持股比例越高，公司技术创新效率越高，并且在国有企业中核心技术员工股权激励对公司创新绩效的影响更显著。钟凤英（2022）等则认为，上市公司实施员工持股计划会对创新绩效产生积极效应；企业内部控制质量越高，创新绩效的水平也较高；内部控制在员工持股计划和创新绩效之间发挥部分中介效应。非高新技术企业在市场化的环境中发挥的创新效应更为积极，企业内部薪酬差异在员工持股计划对企业创新绩效的影响路径中起到增强型调节效应。

（三）企业创新绩效的测量及指标体系

针对企业创新绩效的测量与评定，目前还尚未有较为统一的说法。西方将创新绩效表示为在企业创新过程中以企业新开发的产品为准的技术成果的产出量，我国学者对创新绩效概念的界定更加关注的是创新效率和创新效果，我国学者对创新绩效的评价多从投入产出效率测量出发，直观地认为投入产出效率高就是绩效好。综观国内外的主流研究发现，现有的创新绩效评价主要存在投入产出视角、区域创新视角、产业创新视角，以及企业差异视角，本书主要对企业层面的研究进行分析。

创新绩效指标的衡量最早起源于欧盟，从20世纪80年代开始，欧盟和组织就积极探索和推进建立创新绩效指标。1993年，在西欧国家进行的创新调查中，创新调查委员会提出两个创新绩效的新指标：企业的销售收入、创新产品销售收入占总销售收入比例，由于当时企业的生命周期相关数据难以衡量，故主要考察的是销售产出端的相关数据。随后Cooper（1985）提出了八种衡量企业创新绩效的指标：过去五年的发展中，公司新产品占销售比例；在过去五年中，新产品开发成功的比例；过去五年新产品开发失败或停止概率；在过去的五年中新产品开发计划达到目标的比例；创新计划为公司的销售和利润增加的重要性；新产品收入的效益超过成本的程度；创新程序相对于竞争对手的成功程度；整体计划成功的程度。John（2002）将企业创新绩效细分为狭义与广义的创新绩效，其中，狭义的创新绩效是指企业真正将发明引入市场的程度，广义是指包含所有创新活动的投入及成果，从研发资源的投入到产生新专利、新产品以及最终将发明导入市场，可以采用研发投入、专利数、专利引用数和新产品发表数四项指标加以衡量。除此之外，国外具有代表性的研究主要还包括"欧盟创新计分牌"（European Innovation Scoreboard）、"澳大利亚创新能力评价"和《奥斯陆手册》（《Oslo Manual》），这三种评价体系各有优劣，但是，均具有层次性与可比性、及时调整性、以效率为评价核心、具有强烈的导向性的几大特征。

我国学者采用的方法主要有模糊评价法、层次分析法（AHP）、人工神经网络模型（ANN）、VIKOR法、粗糙集方法、灰色关联度法、集对分析法、因子分析法、运用DEA方法、灰色评价法、TOPSIS法等。其中，最为常见的有因子分析法、模糊综合评价法、运用DEA方法、灰色评价法这四种方法。因子分析法是收集一定数据进行相关的统计分析，通过少量、相关性较低的指标整合数据信息，但是对于大多数的企业收集大量的数据较为困难，因此不常用；模糊综合评价法是通过模糊数学的方法，将一些边界不清的因素进行量化，并通过"最大隶属度"的原则来进行评价，但是，这种方法需要专家的评价，主观性太强也不常用；DEA方法是运用线性规划计算所有决策单元，然后根据其相对位置来判断各自效率，从而确定绩效，但是为保证其准确性，需决策单元的数目达到其指标个数的三倍以上才具有参考价值；灰色评价法是以灰色系统的理论为基础，对预先设定的评价对象进行某一阶段所处状态的评价，由于数量指标均是由相关人士进行打分，因此具有较大的主观性。相对于模糊综合评价法和灰色评价法而言，因子分析法、DEA评价方法采用真实数据或是特殊算法来代替人为主观成分，故评价结果更为客观。但前期准备的工作量也相对较大，在评价实施过程中具有一定难度。

具体而言，常玉（2002）用层次分析法和模糊评价法，对企业的技术创新能力进行了综合评价，同时对不同企业技术创新能力进行横向比较。闫书哲（2004）将企业创新绩效分为行为与结果两个子系统，行为子系统主要用来评价组织创新所导致的组织成员个体及群体行为的改善；结果子系统主要用来评价企业组织绩效的提高。然后进一步将行为子系统细分为个体、群体与组织行为两大模块；将结果子系统分为资本获利能力、资产营运能力、偿债能力、创新发展能力四大板块。最终通过层次分析法对指标体系中的各个指标赋予权重，构建了一套完整的创新绩效衡量体系。李露（2016）同样也是基于层次分析法，通过控制层和网络层的结构，构建了科技创新投入指标、产出效益和过程管理效率等企业科技创新绩效评价指标体系。

于喜展（2009）基于平衡计分卡能够全面衡量企业绩效的优势，构建了技术创新绩效评价指标体系，然后利用数据包络分析（DEA）方法对企业技术创新绩效进行了分析评价从而进行战略改进，为提高企业竞争能力提供参考。朱学冬、陈雅兰（2010）借助 DEA 方法模型，以福建省创新型企业为实证对象，利用三年的时间跨度，评价和分析了企业创新绩效。张林（2012）运用 DEA 模型，分析与综合评价了电子信息产业上市企业的自主创新能力。赵树宽、余海晴、巩顺龙（2013）基于实地调研获取的数据，运用 DEA 方法，以吉林省 151 家高技术企业作为样本，进行创新绩效分析。姚禄仕、赵萌（2013）运用超效率 DEA 模型，以安徽省第一批和第二批创新型企业为样本，跨时两年，考察了企业的创新绩效。邵争艳（2022）构建以创新活动要素为核心的三阶段 DEA 模型，利用 2016—2019 年中国纺织服装上市公司样本数据，实证得出创新绩效水平较低，主要是由纯技术效率低下引起的，即行业缺失创新的异质性独特企业。

苏泽雄、张岐山（2002）运用基于 BP 神经网络的算法对企业技术创新能力进行评价。孔峰、贾宇、贾杰（2008）通过建立企业的技术创新能力评价指标体系，运用 VIKOR 法构建了创新能力评价模型，对 4 家同行业企业进行创新综合能力考察。刘希宋、李玥（2008）运用粗糙集方法，对某集团下属 10 家企业的自主创新能力进行研究。李美娟、陈国宏、陈国龙（2008）运用灰色关联度方法，评价研究中国制造业产业技术创新能力。孙冰、吴勇（2007）采用了集对分析法，分析评价了30个省市区大中型工业企业的自主创新能力。许学娜、刘金兰、王之君（2011）运用基于熵权TOPSIS法的企业对标综合评价模型，对国际石油企业BP、壳牌、埃克森美孚、康菲、中石化和中石油进行相对优劣评价。

薛原（2021）认为，密切值法将不同维度的多项指标数据标准化成为能够相互比较的单一指标，计算出各评价对象的密切值，据此进行排序，区分优劣。同时密切值法中不需要加权，客观性强，因此，从创新投入、创新产出、创新环境以及创新活动4个方面构建我国长三角地区工业企业创新绩效评价指标体系，利用密切值法进行评价。

（四）企业创新绩效文献评述

本书从影响企业创新绩效的维度、企业创新绩效的衡量标准这两个方面对既有的文献进行了梳理与总结，发现：①目前对企业创新绩效影响因素的研究主要考察的是内部与外部两个维度的影响因子，并未考虑过内外交互的影响作用，未来可以以此为研究方向进行进一步的研究。②对于影响因素的研究处于单向研究，即各类因素对企业创新绩效的影响，实际上笔者认为这个影响存在着一定的双向性，未来可以就企业创新绩效是否能够反作用于各类影响因素进行研究说明。③对于企业创新绩效的评价体系，目前以架构搭建为主，缺少实证性研究，缺少足够的创新调研和准确的数据来源，未来可以多在某一具体企业上下功夫，进行实证说明。④在评价对象上缺乏评价的针对性，相对忽略对非R&D创新的评价。⑤在评价方法上，缺乏客观严谨的评价程序和指标赋权。无论采用哪一种主流的评价方案，最终都需要对各个指标进行加权分析得出最终的结果，而在这个过程中的加权判断具有很强烈的主观色彩，缺乏客观性。未来可以研究一套能够具有客观评价的整体加权方案。⑥在评价结果上，没有明确统一的评价标准，政策导向性不强。目前的研究存在着各种以不同评价方案为基础的指标体系，这样很难对不同企业之间做横向的对比分析，笔者认为未来应该根据每一种优势，综合出台一套较为全面且普适的方案，这样便于开展后续的工作。

四 文献述评

现有文献从内涵、特征、结构要素、运行机制、评价研究、影响结果等方面对人才生态系统进行了诸多探讨,为人才生态系统研究和组织创新研究做出了巨大贡献。主要表现在:①明确了人才生态系统的内涵特征,构建了人才生态系统模型,对于研究该领域的方向及内容起到了指引性和基础性作用。②将生态学思维引入社会科学的人才学领域,结合了生态学理论、社会交换理论等知识来研究人力资源活动。③将人才生态系统与人力资源管理问题相联系。人才问题不仅是单个组织或单个行业的人力资源管理问题,而是涉及支撑环境的生态整体,突破了传统人力资源管理的战略分析方法,从系统的主体、组织、环境方面提供了新的研究角度。④在人才生态系统的评价研究方面,不仅提出了不同的视角,如人才胜任力、人才生态环境、价值链、系统稳定性等,而且还提出了评价人才生态系统的方法和评价指标。然而,从组织层面对人才生态系统理论、影响机理的分析研究还十分有限,在这小部分研究中学者们主要关注了企业人才生态系统的组成要素和评价,对于通过实证对其内部结构要素以及内部协同创新行为与创新绩效提升的作用机制还欠缺讨论。

梳理学者关于协同创新的内涵、影响结果的研究可知,人才生态系统中的人才因素、组织因素、环境因素均与企业协同创新行为有相关联的部分,并且创新行为往往与技术水平、公司市场份额、创新成败存在着较强的相关性,大多数实证研究均证实了协同创新对创新绩效的提升有显著关系。协同创新既和人才生态系统相联系又和企业创新绩效密不可分,而以往研究并没有实证研究检验协同创新是否在两者中的中介效应,这正是本书的关注点之一。

学术界对创新绩效的测度评价和影响因素的研究已初具规模,目前国内外学者在该领域的研究偏向于创新绩效的测度以及内外环境、组织管理与创新绩效间的相关性研究。综合分析这一方面的实证研究发现,组织内部因素、产业或企业所处市场环境的变化以及所处生态系统中各行为主体的互动行为、资源整合、知识吸收和转化等与组织创新存在较大关联性,这些都体现了人才生态系统以及协同创新对企业创新绩效有重要的影响。

人才生态系统对于创新绩效提升而言意义突出，通常而言，具有良好人才生态系统中的企业在很大程度上可以消除因缺乏创新资源而产生的创新投入大的不利影响，以此降低创新成本，提升创新绩效。企业利用其所处的人才生态系统通过资源信息共享，加强了协同创新的行为实现，由于人才生态系统内的协同创新具有系统性、以人才为主体的特征，能够保证创新的核心资源效用增加，当人才生态系统中各要素效用增加，企业的创新绩效也得以提升。

第三节　研究内容与研究方法

一　研究内容

本书从生态学视角出发，以微观企业作为研究对象，在资源基础观（RBV）的基础上完成了对"人才生态系统—协同创新—企业创新绩效"的理论模型的构建，对三者关系的探讨研究主要围绕以下方面展开：

（1）围绕人才生态系统、协同创新和企业创新绩效展开多角度的文献梳理，并对变量进行概念阐释、维度划分，在人才生态系统、资源基础观、协同创新理论借鉴基础上，搭建理论模型。

（2）明确研究方向，基于设计构建的概念模型探讨论证人才生态系统、协同创新、企业创新绩效不同维度间的关系，以此提出本书的理论假说。

（3）参考国内外学者成熟量表完成本书研究变量的指标评价测度和调查问卷设计，并依据前文理论架构设计本书的结构方程模型。数据收集方式为邮件和问卷星点对点发放，回收后进行整理和数据清洗。

（4）运用 SPSS 26.0、AMOS 24.0 软件验证人才生态系统、协同创新、企业创新绩效三者之间的关系，最终明确其结论为管理实践提出可借鉴的研究启示。

二 研究方法

1. 文献研究法

文献研究是研究能够顺利进行的基础，首先对人才生态系统、协同创新和企业创新绩效的国内外研究现状进行梳理，其次是在以往研究的基础上对人才生态系统、协同创新、创新绩效概念进行系统阐释、维度划分，并且围绕国内外人才生态系统理论、资源基础观理论、协同创新理论的丰富研究成果进行梳理，为后文人才生态系统、协同创新、创新绩效之间的关系探究提供理论依据。

2. 问卷调查法

问卷调查方法一般而言在社会科学领域一手数据来源方面占据重要地位。本书参考已有成熟量表和有关文献，针对概念模型中人才生态系统（包括人才胜任力、组织环境、区域环境）、协同创新（包括技术协同和能力协同两个维度）、企业创新绩效变量，设计调查问卷；在经过调研对象筛选后，以互联网问卷点对点发放形式完成样本资料的回收，最大限度保证数据的可靠性。

3. 实证研究法

基于调查问卷获得的数据，本书使用 SPSS 26.0 对数据进行初步的信效度检验、相关性判定，接着通过 AMOS 24.0 开展进一步的验证，并构建结构方程模型对本书的研究变量间的理论假说进行验证，最终明确研究结论。一般而言，结构方程模型是应用线性方程表示和探析观测变量与潜变量之间、潜变量与潜变量间的主流统计方法，为本书概念模型的验证提供了数据处理以及结论分析工具。

第四节 研究思路与框架

第一章，绪论。基于现实情境归纳阐述研究背景，并由此阐述理论意义和实践意义。通过梳理人才生态系统、协同创新以及企业创新绩效的国内外研究现状，发现现有的研究缺口，明确研究思路和方法；遵循科学规范的原则设计研究的技术路线以及与此对应的研究框架（见图 1-1）。

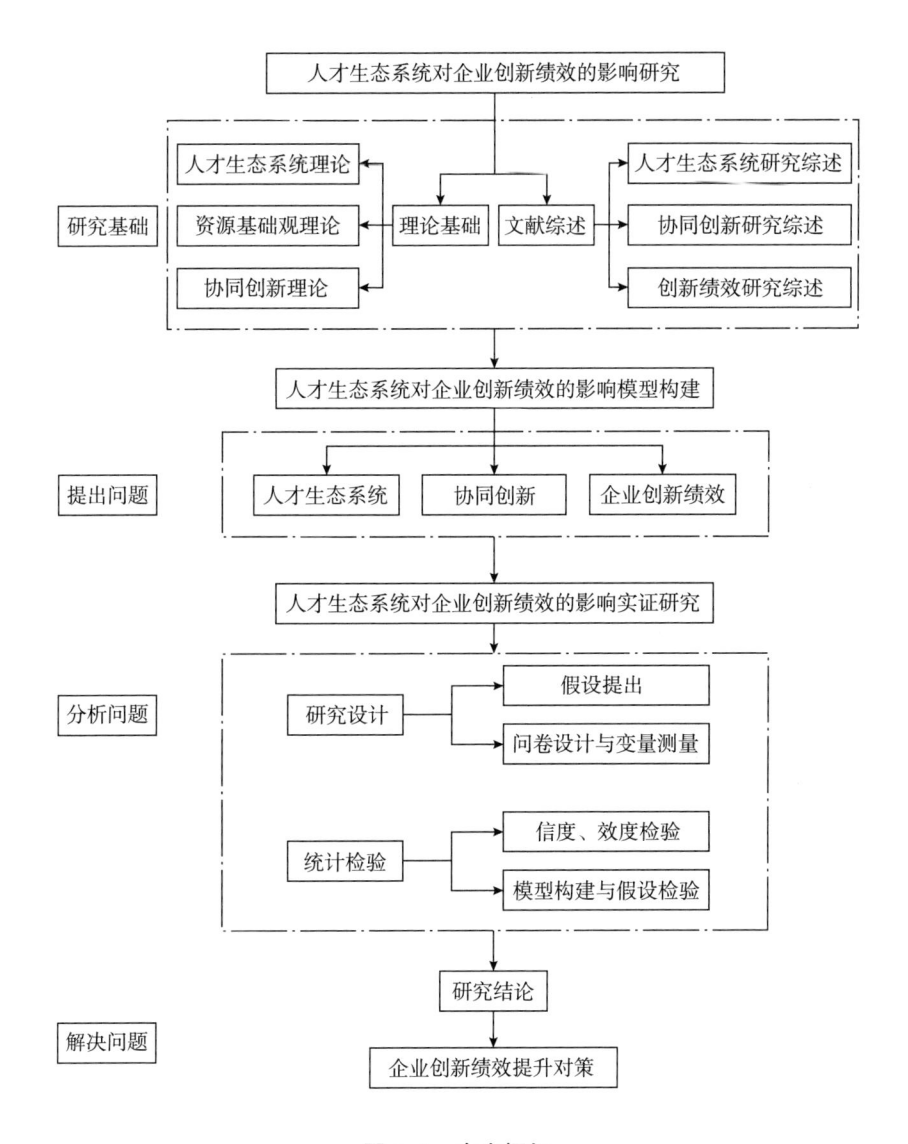

```
                    人才生态系统对企业创新绩效的影响研究
                                    ↓
研究基础  ┌─── 人才生态系统理论 ←──┐      ┌→ 人才生态系统研究综述
         │   资源基础观理论   ← 理论基础  文献综述 → 协同创新研究综述
         └─── 协同创新理论   ←──┘      └→ 创新绩效研究综述
                                    ↓
                    人才生态系统对企业创新绩效的影响模型构建
                                    ↓
提出问题  ┌─── 人才生态系统    协同创新    企业创新绩效
                                    ↓
                    人才生态系统对企业创新绩效的影响实证研究
                                    ↓
分析问题  ┌── 研究设计 ──→ 假设提出
         │              → 问卷设计与变量测量
         │
         └── 统计检验 ──→ 信度、效度检验
                        → 模型构建与假设检验
                                    ↓
解决问题          研究结论
                                    ↓
              企业创新绩效提升对策
```

图 1-1 内容框架

第二章，概念界定与理论基础。明确人才生态系统、协同创新、企业创新绩效具体内涵和维度，并总结学者关于人才生态系统理论、协同创新理论和资源基础观理论方面的思想要义，为理论模型搭建提

供理论支撑。

第三章，概念模型与假设提出。基于 RBV 设计构建人才生态系统、协同创新、企业创新绩效间的理论模型，在此模型下探讨变量不同维度间的相关性关系，由此提出理论假说。

第四章，研究设计与数据收集整理。遵循问卷调研法的一般性原则和方法，结合本书的特殊性，选择创新型企业作为调研对象对调研流程进行确定，并参考国内外学者成熟量表完成本书研究变量的指标评价测度。数据收集方式为邮件和问卷星点对点发放。

第五章，实证分析与假设检验。在对收集到的数据进行清洗后，依据前文理论架构设计本书的结构方程模型，综合运用 SPSS 26.0 和 AMOS 24.0 验证前文提出的研究假设，最后围绕结果展开讨论和总结。

第六章，研究结论与启示。从实证结果出发明确研究的主要结论，提出对于优化企业人才生态系统和提升创新绩效相关的管理启示；最后，对研究的不足进行了总结，并对未来研究方向做出探索性展望。

第五节　主要创新点

第一，现有文献对于企业层面的人才生态系统、协同创新活动以及创新产出间的互动机制探究较少，主要表现在企业层面的人才生态系统结构维度尚且缺乏系统性研究，并且人才生态系统不同维度对创新绩效的影响机理也少有研究。本书梳理了人才生态系统相关文献后针对企业层面的人才生态系统做出明确的维度划分，变量参考成熟量表进行评价，并通过因子分析对人才生态系统内部维度进行验证，在此基础上形成相应的理论分析框架，实证检验了人才生态系统对创新绩效的作用机理，在理论层面有效衔接企业创新绩效提升的现实需要。

第二，创新绩效作为创新行为的外在结果，是人才生态系统内各种群、各要素交互融合重构的产物，人才生态系统对创新绩效的影响受协同创新行为的影响，以往研究忽略了对上述因素的考察，这给本书提供了研究契机。本书将协同创新作为中介变量，基于创新型企业问卷调研数据，实证验证了人才生态系统影响创新绩效的内在作用路径，揭示了协同创新在其中的传导机制，这无疑是对人才生态系统与创新绩效关系研究的丰富和深化。

第二章 概念界定与理论基础

本章将在上一章对人才生态系统、协同创新及组织创新绩效等概念的研究评述基础上，结合相关理论依据，进一步探讨人才生态系统与组织创新绩效之间的逻辑关系，构建其概念模型，并提出研究假设。

第一节 概念界定

一 人才生态系统

Park 和 Burgess（1921）首次提出人类生态学（Human Ecology）的概念，即人类生态可以借鉴动植物群落演替规律模型进行研究。在此之后，有部分学者对其进行了不同的解释，生态系统与社会科学的交叉研究不断增多，生态学的研究方法也多被社会学科所借鉴。例如，Alibi 和 Rana（1999）为研究企业在亚洲金融危机期间环境变化与应对策略时，首先提出基于企业战略层面的人力资源生态系统的概念。Garavan 等（2019）从生态系统视角解构人力资源时，开发构建了微观、中观和宏观的三层次模型，并且他认为发生在参与者之间的过程并非是孤立的，因此应该更多地将重点放在生态系统多层次的行为者以及创造新的人力资源开发实践的能力上。国内学者唐德章（1990）提出人才生态系统的基本功能和特征是在保持自然与社会生态平衡的同时，达到人才的培养、知识与经济增值的最终目的。沈邦仪（2003）指出，人才生态系统主要由三大部分构成：人才要素、自然环境要素，以及社会环境要素。党承林和李永萍（2006）基于营养级和食物链来分析生态系统的可靠性问题，指出生态系统内部的冗余调节机制能够维持生态系统结构的稳定。

鉴于人才生态系统的复杂性特征以及现阶段研究的产业情景差异，人才生态系统结构要素文献的论述表达不能达成一致。宋素娟（2005）指出系统组成要素主要包括个体、群落、环境及互相影响的人才生态因子，此外，还指出不可使系统出现空缺，避免造成人才流失的状况。颜爱民和李顺（2009）从员工、领导者素质等六个方面建立了影响企业人才生态系统稳定性的因素模型。赵曙明和白晓明（2016）依据"社会—生态系统"分析框架，提出企业在人才培养工作方面的诸多影响因素，如政府投入、社会文化和道德理念等。刘蓉和陈伟莲（2019）在航运服务人才生态系统影响因素研究中认为"航运企业组织和人才市场是第一层次的影响因素，第二层次影响因素是高等院校、宏观经济环境与科技环境，以及人才个体的劳动成果，第三层次影响因素是国家的政治环境以及系统中人才个体之间的竞争与合作，文化环境是第四层次影响因素"。学者们的研究主要涉及组织生态系统、商业生态系统、知识生态系统、人力资源生态系统等方面，但大都侧重从行业、社会等中观、宏观的视角来分析该问题，较少立足于企业内部来探讨人才之间以及与企业创新管理之间的关系。

基于 Park 和 Burgess（1921）的理论依据和其他学者对于人才生态系统内涵的阐释，企业人才生态系统主要是基于生态系统的内在构成与演化规律来研究组织中人才的生存、发展与环境系统之间的互动机理。因此，本书将企业人才生态系统（Enterprise Talent Ecosystem，ETE）界定为：企业为了适应复杂动态的发展环境，利用人才资源的流动性不断进行物质循环，形成的一个在人才之间、人才与组织、人才与环境之间具有高强度依存关系的相对稳定系统，以此保证能量、信息的流动与传递。客观分析不同人才生态系统要素构成方面的文献，尽管认识存在差异，但现有研究普遍将人才要素等作为人才生态系统核心的结构要素，将人才发生关联的生态环境，包括组织环境要素和社会环境要素，也作为人才生态系统模型构建的基础。因而本书将人才胜任力、组织环境、区域环境归结为人才生态系统的三个维度。

二　协同创新

知识经济时代，协同创新逐渐成为企业进行创新活动的主要范式。单纯依靠某个个体或某个企业进行创新已经不能满足创新活动全过程的要求，而合作创新能够降低企业对个体的依赖，在存在单个个体缺陷或离开的状况下，减弱所带来的不利影响。协同创新是不同要素进行有机耦合和优势互补的创新活动，因其具有价值增长的优势使涉及多个体、多要素的协同创新成为研究的重点领域。

学者关于协同创新方式的研究可归结为内外两种不同的视角。围绕组织内部的视角展开讨论的关注点主要是组织内部创新要素诸如创新技术、管理体制、组织文化等的协同。例如，朱凌等（2006）提出企业要进行技术要素与非技术要素之间的协同，实现全面创新管理。吴际等（2011）基于129家企业调研数据，在研究中验证了不同企业生命周期阶段组织与技术创新要素间差异性的作用路径，揭示了组织和技术两方面复杂的协同关系。外部研究视角主要强调企业与外部各主体间的协作行为，具体而言，更加关注企业与其他企业、政府部门、高校、科研院所等社会组织为突破创新壁垒而开展的创新协作。例如陈劲和阳银娟（2012）则从外部环境视角出发，认为协同创新是多个创新主体进行交流协作、整合互动，实现"1+1>2"的多层次协同创新模式，其中大学、企业、研究机构为核心主体，政府、中介机构等为辅助创新主体要素。牛振喜等（2012）在研究中指出，政、产、学、研、用多方面的协同能够有效促进知识产权转移和科研成果转化，对技术创新和新兴战略型产业发展产生积极影响。洪银兴（2014）指出协同创新对产、学、研各主体而言意义突出，使得各主体成为资源共享和风险共担的利益共同体，为科技创新提供有利条件。刘国巍等（2021）从产业链协同创新角度阐释了解决共性技术研发的有效途径。

厘清国内外学者关于协同创新的概念，本书认为企业协同创新是指：在一定的环境下，企业为技术创新的需要通过实现内部要素互动的同时，与外部不同主体之间进行创新资源互动整合，产生协同效果的行为过程。借鉴学者们关于协同创新概念的阐述，基于研究的内部视角，本书认为，企业的协同创新行为主要表现为企业在技术、能力两个方面的协同。

三　创新绩效

创新绩效是反映企业创新能力强弱的重要指标。一般而言，两者在以往的研究中多数呈现正向相关关系。学者围绕创新绩效定义和测度的分析和探讨已基本较为成熟，研究成果颇丰。Hagedoorn 和 Cloodt（2003）将创新绩效的内涵归结为广义和狭义两方面，认为前者与企业技术、发明和创新维度的表现相联系，而后者主要与企业新产品市场份额的大小相联系，并且指出一般用财务类指标（如专利数、新产品开发速度、开发成本等）对其进行测度。国内学者陈劲和陈钰芳（2009）则围绕过程和产出两个方面展开对创新绩效的评价研究，研究得出，当前许多技术创新绩效评价偏重于产品技术创新的考量，将专利等数据作为单一的评价标准在评价创新绩效时具有片面性。Zhang Y 和 Li H（2010）将创新绩效指标划分为：新产品推出频率、市场占有率、开发速度、质量和市场开拓能力。Huang D 等（2018）对创新绩效的评价指标分为新产品开发的速度、新产品销售额占总体的比例、专利数增长率、新产品营销成功率、新产品的周转率和工艺技术和设备的改进六部分。蔡宁和闫春（2013）在研究中围绕财务和战略两个方面展开对创新绩效的评价研究，其中财务绩效使用市场全新产品 ROS、企业全新产品 ROS、新产品开发成本、专利数、市场全新产品数量、企业全新产品数量进行衡量；战略绩效使用创新潜力、创新文化氛围、管理创新、创新管理能力、竞争地位五个指标进行衡量。整体而言，现有研究主要是围绕财务、战略、研发和过程四个角度对创新绩效进行评价考察的。

通过对以往研究成果的分析和总结，本书最终明确企业创新绩效是一个多维变量，采用新产品推出频率、新产品市场接受度、新产品开发周期、新产品质量、新产品市场开拓力五个指标进行测量。

第二节 方法论依据

著名的歌德尔定理曾指出：要证明任何一种足够具有说服力的理论，都必须由比该理论更"强"的理论或者手段来证明其合理性。也就是说，如果用一个比该理论体系更"弱"的或者理论自身来证明其合理性的话，推导出的命题将无法被承认。可见，就其理论本身来讲，它总是不够完备的，要证明自身的合理性，就一定要凭借另一个比它"强"的理论。

一 系统论

系统论是科学高度发展的产物，它对于理解复杂系统具有重要的指导价值，并提供了一种科学的思维方式，这种思维方式更适合复杂系统特点的应用。

由部分组成的整体称为系统，它源于古希腊语。在系统科学的庞大体系中，不同学科由于研究范围和重点不同，常给出不同的系统定义。在技术科学层次上，通常采用钱学森的定义：系统是由相互制约的各部分组成的具有一定功能的整体；在基础科学层次上，通常采用贝塔朗菲的定义：系统是相互联系、相互作用的诸元素的综合体。系统中的三方面构成相辅相成的关系，即要素、系统及环境。

把系统概念和系统原理引入方法论，便形成了系统方法论。它的核心思想正如钱学森所言："系统是整体论与还原论的辩证统一。"从这个意义上讲，系统方法论借鉴了整理论和还原论的思想，即将分析思维与综合思维、分析方法与综合方法结合起来，确保对整体的认识建立在对部分精细了解的基础上。然而，即使用科学的综合方法对问题做出深入的分析，还是需要人脑的直观领悟，使潜意识层次积累的认知成果通过非逻辑方式转换为显意识层次的认识。因此，系统方法论可用以下图示表示：

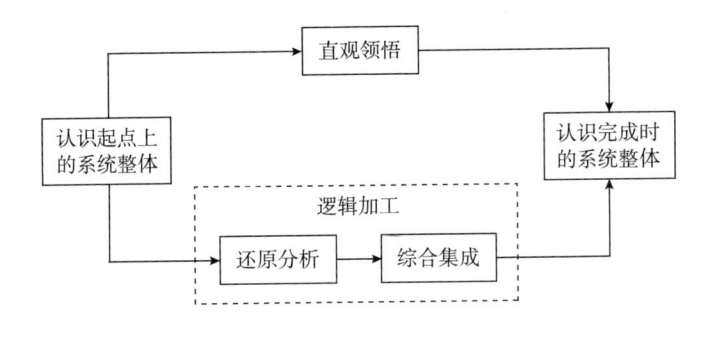

图 2-1 系统方法论示意

可见，系统论的主要功能是控制、管理及改造新的系统，而不仅仅是认识系统的特点和规律。也就是说，协调各要素之间的关系，并调整系统结构，最终使其达到最优化是研究系统的主要目的。因此，将所研究和处理的对象当作一个系统，并分析其结构和功能，这就是系统论的基本思想方法。同时，系统应具有以下基本特征：

（一）多元性

最小的系统由两个元素构成，成为二元素系统。一般系统均由多个元素组成，成为多元系统。还有一些系统由无穷元素构成，即无线系统。可见，凡是系统，就必须含有两个或以上的元素，这被称为系统的多元性。

（二）相关性

同一系统的不同元素之间按照一定的方式相互联系、相互作用，不存在与其他元素无任何联系的孤立元。所谓"一定方式的联系"，是指元素之间的联系具有某种确定性，这种确定性是人们辨认该系统，从而将其与其他系统区分开来的依据。

（三）整体性

多元性加上相关性，便产生了系统的整体性和统一性。凡是系统都具有整体的形态、结构、边界、行为及功能等。所谓系统观点，首先是整体的观点，强调考察对象的整体性，进而从整体上认识和处理问题。在这个有机整体中，各要素之间相互依存、相互制约。

（四）结构性

元素和结构是构成系统的最基本方面，系统是元素与结构的有机统一。同时，这种系统元素只有经过相互作用，并按照一定的结构组织起来的客观存在才构成系统。因此，调整好结构是实现系统功能的一个重要途径，这在科学研究和社会实践中已受到人们的广泛关注。

（五）开放性

任何一个具体的系统都是从普遍联系的客观事物之中相对划分出来的，与外部事物都存在千丝万缕的联系，有元素或子系统与外部的直接联系，更有系统作为整体与外部环境的联系。这种系统与环境进行交换的特征被称为系统的开放性。

（六）自调节性

在开放的环境中，为了达到预期目标，系统会根据周围环境的变化自动调节自身行为的功能，这被称为系统的自调节性。它使系统的目的性得以充分体现。需要强调的是，这种目的性体现了行为的内在规律性和因果性。因为它是将获取系统先前行为的结果作为反馈信息，然后为自身下一步行为提供依据，从而适应环境的变化。可见，这种自调节性与人具有明确意图的目的性有着本质区别。

二 组织创新绩效与人才生态系统关系的系统特征性分析

组织创新绩效与人才生态系统的关系是根据具体情景而形成的较为复杂自组织系统，一般具有开放、动态的系统特点。随着企业环境的变化、社会的发展，它将发生变化。

（一）两者关系的整体性

组织创新绩效及其人才生态系统的内容是由不同因素构成的一个有机的系统，两者的构成要素并不是简单相加，更不是由一些简单因素无逻辑地堆积而成，而是一个具有内在逻辑规律的对企业发展至关重要的有机整体。

（二）两者关系的结构性

人才生态系统与组织创新绩效的内在关系体现了系统结构性特点。作为企业不可分割的组成部分，这两者是按照一定的方式和程序结合在一起，相互协同又相互制约。一般来说，不同的人才生态系统影响组织创新绩效的结果。

（三）两者关系的相对稳固性

组织创新绩效和人才生态系统之间的内在关系具有相对的稳固性，这种稳固性可以保证企业通过不断完善其人才生态系统的相关因素，不断提升企业创新绩效，从而得到预期效果。当然，两者关系的稳固性并非是指它的一成不变，而只是指它的相对稳固性，如外部环境的改变或不同的企业性质、规模等都可能导致两者关系的变化。

（四）两者关系的条件性

任何事物的适应性都具有其相应的制约条件，人才生态系统对组织创新绩效的影响程度也受很多条件的影响与制约，如政治环境、经济发展程度、公众认知程度等。因为对于微观主体的企业来讲，其很多活动必须受到外部宏观条件的制约与影响。

（五）两者关系的发展性

组织创新绩效和人才生态系统之间的关系不仅是相对稳定的，而且是不断发展变化的。一方面，如上所述，企业处于国际国内这样的宏观影响下；另一方面，企业自身也在不停地经历着成长→发展→成熟→衰退的过程。可见，两者的关系是一个动态的均衡。

第三节 理论基础

一 生态系统理论

人才生态系统是生态学思想，特别是生态学中的系统结构和共生思想，应用于社会科学领域而形成的复合生态系统。其聚焦生态系统理论与社会系统的联系，尤其是与人才有关的组织、环境、机制等问题的关联，为人才、组织和环境关系的管理提供新的途径和思维。以生态学理论支撑人才生态系统的研究，对增加研究的科学性和可靠性而言意义突出。

第一，在生态系统结构方面的借鉴。人类生态学最早是由 Park 和 Burgess（1921）提出，认为可以依照自然界的群落演进更替的模型来研究人类生态。Tansley（1935）把生态系统结构进行社区结构和功能结构两个维度的划分，前者主要表现为内部各要素的构成及分布状态，后者主要是模拟生态种群食物链互动网络系统的功能状态。借鉴上述思想，可以类推人才生态系统的社区或者群体结构、各要素（包括人才、组织、市场投资者、政府等）的关系及分布状态。而人才生态系统的功能结构可以类比为系统的运行机制等。

第二，对于共生理论的借鉴。第一次提出"共生"概念的是Bary，简单来讲这一关系是指不同种类的个人、群体能够在一起生活。共生具有普遍性，自然、社会系统能够实现持续协调发展就是得益于共生关系的存在。共生的单元、模式和环境可归结为共生三要素，其中，第一个要素作为组成共生的基本单位，具有维持能量生产、交换的重要功能。第二个共生模式要素是指寄生、部分利益共享共生单元之间存在的相互作用和强度模式等。第三个环境要素意味着外部环境对共生的作用，主要表现在共生体和环境中进行的信息、物质等的交互。借鉴生态学的共生思想，人才生态系统中，人才要素与关联企业、政府部门等组织间也存在一定的共生关系，这一关系的存在促使人才生态系统稳定并演化发展。所引发的研究启示主要是：研究人才生态系统内部各结构要素的共生方式、共生程度等，并尝试构建健康安全的共生机制，推动其健康发展。

二 协同创新理论

协同创新是由协同理论衍生和发展起来的。1969年哈肯首先提出了"协同学"的概念，他指出，协同学是处理复杂系统的有效方法，可以解决社会实践中遇到的由众多复杂系统构成的现象或问题。协同理论将许多子系统组成的复杂开放性系统作为研究对象，揭示了自组织系统的普遍性原理。协同理论认为开放性对于系统趋于有序而言具有重要意义。系统的开放性使系统能够与外部不断进行物质交换、能量传递和信息交互，系统才得以不断更新和发展。在理论研究范畴，协同学选择各种复杂系统作为研究对象，在总结其相似之处的基础上，概括出跨学科领域不同系统的一般规律，即由无序过渡到有序是各类系统的普遍性，并且不受系统功能、属性等的影响。因此协同理论作为系统理论的分支,在研究中呈现出普适性的特点,而后在多个学科交叉研究的基础上,协同理论不断发展完善并在各研究领域广泛应用。

应用"协同论"可以进行社会科学领域中各种协同问题的相关研究,如知识共享、技术合作、供应链整合、组织管理等方面的协同协作问题。对于现代企业管理来说,协同也是企业应对大数据时代发展要求所发展的组织运作模式,多部门的协同、多层次人力资源间的协同工作是企业亟须解决的重要问题,也是企业进行创新管理和组织创新的重要环节。"1+1>2"是协同论在商业层面的现象解释,所以协同论能为组织管理提供全新维度的理论基础,为组织依靠现有优势进行发展和创新提供有利条件。借助协同论的理论逻辑,系统性研究管理对象在协同创新方面的现状,有助于提出适应于企业自身人才生态系统本身的解决方案。

三 资源基础观理论

资源基础观（Resource-Based View，RBV）在战略管理领域中占据重要地位,该理论不仅聚焦中观层面,回答了同一行业内不同企业间长期绩效差异存在的原因这一产业发展重要问题,也对微观层面的企业竞争优势来源做出理论阐释。Wernerfelt（1987）选择企业资源作为研究对象来完成关于获取竞争优势的分析,他指出,从本质上来看,企业的竞争往往和资源竞争相联系,故将其称为"资源基础"。1984年《企业资源基础理论》的发表,正式对这一理论做出系统的理论阐释,其后经过Barney（1991）等众多学者的研究发展,逐渐形成系统完善的理论体系。

资源基础理论认为,企业自身所具有的异质性资源和应用能力使其能够获得更多竞争优势,特别是那些难以复制的资源对于竞争优势的长久保持而言意义突出。Hult和Ketchen（2007）在研究中基于资源基础观认为,战略资源往往只有潜在价值,挖掘战略资源的潜在价值需要与组织管理其他要素相联系。对于企业来说,人力资源是企业重要的战略资源,人力资源的潜在价值也需要不断地被挖掘才能转变为企业独一无二的竞争优势,基于资源基础观,企业管理的首要任务是通过对现有的战略资源的优化配置实现价值最大化。借鉴资源基础观的思想，本书在"战略资源—战略行为—战略绩效"的研究框架下，研究企业人才生态系统、协同创新、创新绩效间的关系。

四 隐性知识理论

随着社会的不断进步，知识被看作创造竞争优势的重要源泉。作为一种新的社会发展驱动，隐性知识与高管胜任力的密切联系备受关注。

（一）隐性知识的提出与内涵

波兰尼于1958年在《人的研究》一书中提出了隐性知识的最早定义：人类通常有两种知识，即显性知识（explicit knowledge）和隐性知识（tacit knowledge）。前者可以用图表、书面文字及语言来表达；后者无法用语言等系统表述。这两类知识共同构成了人类知识的总和，两者具有同等重要作用。

Verna Alee认为，人们头脑中的隐性知识存量远远超出显性知识存量。如果把头脑中的知识比喻为一座漂浮在海上的冰山，显性知识只是露出海面的那部分山头，隐性知识则是沉入海水中的大部分山体。

日本学者野中郁次郎（Ikujiro Nonaka）曾用面包制作的过程阐述了两种知识之间的转化，他指出，家用面包机的产品说明书可被看作是显性知识，而面包师经过不断尝试所掌握的具体方法属于隐性知识，这部分知识深深根植于个人对具体背景的理解当中。

（二）隐性知识理论与人才胜任力

很多学者都对隐性知识的研究进行了探索，得到了很多相关的科学理论模型，近年来一些学者尝试将隐性知识与胜任力进行比较研究，而得出以下结论：

1. 两者具有类似的特征

Sternberg（1980）曾提出用实践智力（Practical Intelligence）来替代传统测验以预测个人绩效。他认为，获得和运用隐性知识是实践智力的标志，胜任力的关键预测指标是隐性知识的水平，包括"管理他人、管理自我和管理任务"时使用的知识。借鉴Verna Alee的模型，研究者将胜任力模型也比喻为冰山模型，水上的可见部分代表浅层特征，如知识、技能等，这部分特征容易感知，但不能决定是否会有卓越的表现；而水下的才是深层胜任特征，如动机、特质等，这部分不容易被感知，但却是胜任力的核心要素。McClelland 进一步将显性部分和隐性部分分别称为基准性胜任力（threshold competence）和鉴别性胜任力（differentiating competence），并认为胜任特征的核心部分是隐性知识。从而，隐性知识和实践智力两个理论达到相对统一：胜任力强调层次和结构，而隐性知识则从智力方面加深了对胜任力认知层面的研究。

2. 胜任力的知识化表达是隐性知识

Nonaka 和 Takeuchi（1995）认为，认知是指心知模式（mental models），即人们在内心通过处理、制造、类比等方式创新出实际中的工作模式。胜任力特征和隐性知识表达的都是个体行为表现背后的深层次要素，只不过胜任力理论将其要素化为自我特质、概念和动机等，而隐性知识把它当作一个相对"黑箱"。它植根于个人的行动和经验之中，也深埋入个体的价值、理想和情感中。它具有抽象性、自动性和理解性特点。因此，从这个意义上看，隐性知识是胜任特征的知识化表达。

3. 隐性知识的获取策略能够用于胜任力开发

胜任力和隐性知识的获取是经由显性知识和隐性知识的互动而得，两者之间有几种不同的交换模式，即 SECI 模型：①共同化（socialization）：通过分享彼此的经验，从而达到创造隐性知识的目标。因此，设计适宜于模仿、观察和练习的情景，使学员有机会互动，是提升胜任力的重要方法；②外化（exteralization）：将隐性知识转换为显性知识。在此过程中，隐性知识通过比喻、观念激发、类比等特殊设计，通过显性知识的学习策略获得进步和提升；③结合（combination）：从显性知识到显性知识过程。通常的学习培训设计和常规培训操作都可将个体的观念系统形成知识体系，知识转化涉及结合不同的显性知识；④内化（internalization）：将隐性知识转化为显性知识的过程。当个体的经验在一定情景下，通过外化、共同化和结合，进一步内化到个人隐性知识时,就成为有价值的信息。Nonaka 和 Takeuchi (1995)认为隐性知识和显性知识持续互动的结果是提高管理者胜任力发展。个体不能创造知识,但可通过适当的设计促进隐性知识共享,从而促进胜任力的开发。人才隐性知识不断进步的螺旋过程是其胜任力的发展结果,以下为人才胜任力发展的"动态螺旋"。

图 2-2 中,在人才胜任力发展动态螺旋中空白圈指显性知识,黑色圈指隐性知识。中间将两者相连的是学习设计。因此,在胜任特征发展螺旋中,显性知识和隐性知识的互动由单独个体开始,从个体到个体之间,然后到团队,最后再到组织。不断经历外化、共同化、结合及内化的活动,促进人才胜任特征的发展。在此螺旋过程中,个体的人才胜任力发展经过了观念创造、观念确认、实际应用和建立原形等不同阶段。

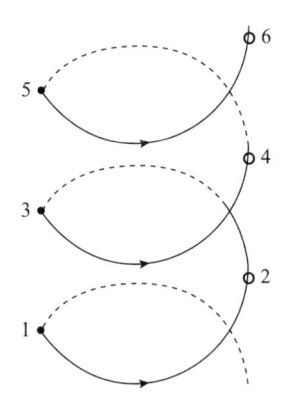

图 2-2　人才胜任力发展螺旋图

第三章 概念模型与假设提出

第一节 概念模型提出

本书从生态学视角出发，以微观企业作为研究对象，基于 Hult 和 Ketchen（2007）等提出的"战略资源—战略行为—战略绩效"框架构建研究模型。具体来说，Hult 和 Ketchen 等基于 RBV 理论认为，组织的战略资源或能力首先会影响组织的战略行为，战略行为会进一步影响组织绩效，即战略行为是组织战略资源或能力对组织战略绩效产生影响的中介变量。研究中的人才生态系统可以视为一种战略资源，协同创新则可以视为企业的战略行为，而组织创新绩效则是组织的一种战略绩效。那么，根据 Hult 和 Ketchen 的观点就可以得到文章的概念模型，即人才生态系统首先影响协同创新行为，进而对创新绩效产生影响。

本书构建了"人才生态系统—协同创新—创新绩效"的理论模型，运用量化分析方法来完成关于人才生态系统与企业创新绩效间的关系验证，明确协同创新是否可作为中介变量对两者之间的关系有进一步的影响，并在明确研究结论的基础上从人才生态系统的不同维度探讨其中的管理启示，为促进创新绩效提升指出新的路径。涉及的主要变量有三个：一是人才生态系统（包括人才胜任力、组织环境和区域环境）；二是协同创新（包括技术协同、能力协同）；三是创新绩效（包括新产品推出频率、新产品开发周期、新产品市场接受度、新产品质量、新产品市场开拓力）。它们之间的关系如图 3-1 所示。

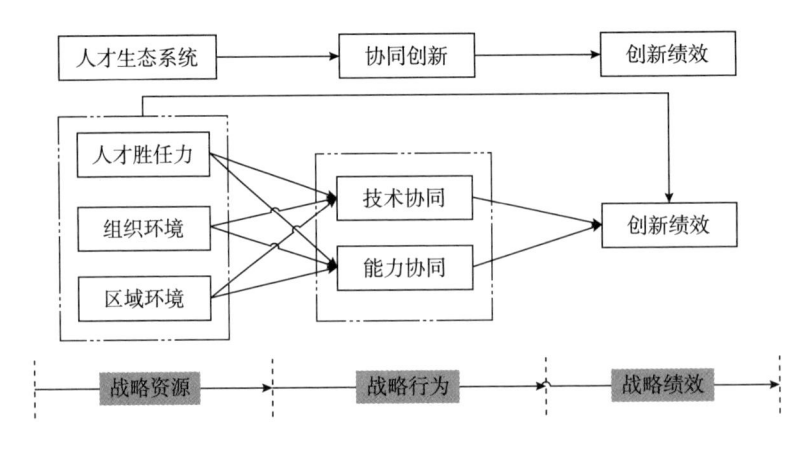

图 3-1 概念模型

第二节 研究假设

一 人才生态系统与创新绩效的关系假设

基于国内外学者对于人才生态系统的相关阐释，企业人才生态系统从系统动力层面就具备价值输出的功能，并能够基于人力资源不断完成信息能量流动和物质循环。以往研究或多或少都有从系统主体因素、组织因素以及环境因素与组织创新之间的互动关系进行探讨，例如，赵子夜等（2018）在 CEO 能力结构和公司创新关系研究中指出，"通才型的董事长有利于公司创新"。赵锴等（2016）指出"战略领导者通过组织双元性学习活动实现研发团队创造力到企业创新绩效的转化"。孙锐（2014）研究中关注战略人力资源管理和研发人员创新间的相关性，研究结论明确了组织创新氛围在两者间的作用路径。于文超和梁平汉（2019）在研究中指出良好的营商环境在降低企业不确定性风险和增强企业活力方面具有重要保障作用。

Hearn 和 Pace 的"价值创造生态"（Value-Creating Ecologies）对价值共生体进行了相关阐述，该共生体的价值创造依赖于由人才、企业、相关部门等主体构成的产业生态系统。对于组织而言，组织的创新绩效是其价值表现的重要形式之一,因此,价值创造生态概念本身也包含组织生态系统能够作用于组织绩效。人才胜任力与创新绩效的研究方面,Vyakarnam 和 Handelberg(2005)研究中指出,更高创新绩效的产生得益于创新活动中对于群体中不同个体的知识、技术和能力的整合。吴东晓和王重鸣(2005)依据案例研究的方法,探索性研究了团队胜任特征的内部结构与绩效间的关系,明确提出胜任力在促进企业绩效方面具有积极作用。基于以上研究,本书认为,人才胜任力状况直接影响着创新绩效。人才胜任力越强,创新绩效应该越好。

组织环境的不同维度与创新绩效的研究方面,Lam 等(2021)基于调研数据验证了组织环境中的组织的创新文化、知识管理和企业创新能力间的作用机理。Michaelis 等(2018)认为,组织文化鼓励变化更有益于打破限制,也往往和更高的创新绩效水平相联系。借鉴相关学者观点,认为组织环境能够影响企业创新绩效,组织环境支持创新的作用越强,创新绩效越好。

区域环境的支撑作用主要在于各类企业依托各类创新政策、创新基础设施提供技术服务,促进新技术开发和技术扩散,达到经济增长的规模效应。在创新管理研究范畴,外部环境经常作为企业创新活动作用机制中的重要前因变量。现实情境中的企业也总是能够接收到外部环境的信号,并作为自适应组织也不断对刺激做出适应性反应。资源基础理论认为,创新活动的成果产出与外部环境信息的获取、补充和整合利害相关。许骞(2020)在研究中也指出,创新开放度是企业用于创新活动的来自外部环境的知识资源数量,它正向影响企业创新绩效。借鉴相关学者观点,本书认为区域环境对于创新绩效而言意义突出。综合分析,提出以下三个假设:

Ha1:人才胜任力对企业创新绩效具有正向影响;
Ha2:组织环境对企业创新绩效具有正向影响;
Ha3:区域环境对企业创新绩效具有正向影响。

二　人才生态系统与协同创新的关系假设

人才生态系统的价值输出是一个复杂过程,不仅取决于人才生态系统中人才种群胜任特征方面的提升，还取决于组织环境的改善，如企业文化对创新的支持、管理方式的完善等，并且作为系统的重要支撑，政府部门的支持等区域环境因素也与其密切相关。

企业为了适应复杂动态的发展环境，利用人才资源的流动性不断进行物质循环，形成一个人才之间、人才与组织、人才与环境之间具有高强度依存关系的相对稳定系统，以此保证能量、信息的流动与传递。人才生态系统的人才胜任力是组织创新人才在进行创新活动过程中与良好创新绩效密切相关的知识、技能、特质等胜任特征的组合。强创新胜任力往往和高创新潜力密切相关，创新胜任力强的企业往往能够对外部释放出创新能力强的信号，在吸引投资和合作上具有较大优势，创新溢价高。人才胜任力与技术协同的关系研究方面，罗琳等（2017）研究验证了知识异质性、组织知识能力正向影响协同创新中的知识协同的作用机制；李民祥和杨建君（2015）指出，创新个体经理人的创新性这一胜任特质有助于企业识别创新机遇，促进企业发展鼓励新思想的创新氛围和流程，使企业实现突变创新。基于学者的相关研究，本书认为协同创新是当前创新活动的主要形式，企业在创新行为实施过程中基于人才胜任力实现人才生态系统内知识的互动，进而促进技术源的整合，实现技术协同。

能力协同主要表征为创新个体间的愿景一致性、合作信任能力、协调协作能力。能力协同是决定着协同创新活动的"开关"，能力协同度强意味着更好的协同意愿和互信能力，不仅能够推进协作进程，而且也能降低不良行为的发生。一般而言，伙伴关系贯穿于整个协同创新过程，和谐的协作关系能有效降低沟通成本，促进能力协同，提高协同创新行为的效率。知识、技术的创新要以人才为依托，知识吸收能力一定程度上和企业自身的人力资本间具有较强的相关性。也就是说，企业人才生态系统中个体受教育程度高，在吸收外源知识方面就更具有优势，也就意味着企业在创新能力方面具有更好的表现。协同创新行为依赖于人才胜任力内知识交互形成的技术协同，而人才个体的胜任能力高低与协同主体的目标愿景一致性、信任程度、协调配合能力密切相关，进而人才胜任力对能力协同产生重要影响。基于上述分析，本书提出以下假设：

Hb1：人才胜任力对技术协同具有正向影响；

Hb2：人才胜任力对能力协同具有正向影响。

人才生态系统中的组织环境是组织支持创新行为所培育的创新文化和氛围。组织环境不仅能影响人才生态系统中的个体对企业的认知，而且在创新活动中可以将创新目标具体化，对企业创新能力提高具有潜移默化的作用。组织环境在很大程度上决定了企业协同创新的能力。组织对创新支持的环境能够对员工行为、价值观和工作态度产生重要影响，继而影响人才工作效率。并且企业的创新能力不仅受资源因素影响，创新行为主体能力、人才主体之间的互动环境等也会对此产生影响。组织环境重视技术、知识等资源，不仅使企业及时搜寻到互补或替代创新资源，也使其在预测技术潜在的商业价值和技术创新机遇方面具有强大优势，这有利于促进技术协同。公司的创新环境作为公司对创新活动支持程度的外在表现，对员工能够产生引导效应，创新氛围越好，个体信息交互、创新合作越频繁，越容易形成技术协同。组织环境与能力协同的相关研究中，曹勇等（2019）认为，企业创新氛围作为个体对组织环境的感知集合，有益于产生创新行为，也是成员间创新意愿联结的纽带。Aenetz等（2011）研究中指出，提供一个舒适又积极的氛围对于减少个体压力大有裨益，使创新人才更高效地投入创新活动中。由此，本书认为组织环境对于能力协同具有重要作用。基于以上对两者关系的分析，提出以下假设：

Hb3：组织环境对技术协同具有正向影响；

Hb4：组织环境对能力协同具有正向影响。

区域环境主要考察企业所在区域的资源、技术、政策、金融、基础设施环境对于创新活动的支持状况。在人才生态系统的区域环境因素与协同创新的关系方面，Mina等（2021）提出企业外部环境在激励企业创新行为方面扮演着重要角色。政府和网络治理者不断增强异质企业间知识合作的范围和频率，能够使知识交流的活跃性得以提升，进而有益于企业创新绩效的增长。冯根福等（2021）在研究中发现，地区金融发展水平、产业结构以及知识产权的保护水平是影响企业技术创新的关键外部因素。区域支持创新的环境能够更好地集聚创新要素，促进技术协同。但是创新活动仅仅依靠企业是难以实现的，需要多主体协调配合，发展成良好的能力协同。例如吴强（2015）研究指出，政府通过政治优势能够发挥政策导向作用，强化各类主体持续参与协同创新的意愿，促进能力协同，能够降低协作的潜在风险，降低机会主义行为的概率。蒋兴华等（2021）也在研究中同样验证了政府因其具备较强的话语权和资源掌控力，在提升各类主体的协同创新意愿和维持合作关系方面具有不可比拟的优势，能够为协同创新保驾护航。基于以上学者的研究，本书认为，区域环境对于能力协同具有重要作用。在技术和能力协同基础上，区域环境能够发挥对于协同创新行为的坚强支撑作用。综合上述分析，本书提出以下假设：

Hb5：区域环境对技术协同具有正向影响；

Hb6：区域环境对能力协同具有正向影响。

三 协同创新与创新绩效的关系假设

协同创新活动能够交互信息渠道资源，使得协同主体间单向的，甚至是封闭的信息渠道状况得以改善。协同行为聚焦外源知识的获取，各行为主体间的协作和信任程度越高，越能搭建良好的平台，越能够提高知识传递的效率，提高资源利用效率，进而提升创新绩效。企业协同创新行为何以能影响创新绩效？主要考虑以下两个方面：首先，协同创新的关键是技术层面的协同，如果企业更多地参与到技术上的合作研发，更容易收集和储存数量更多的异质性技术知识，也就能为技术创新提供更大支持。技术协同是企业开展创新活动的所有技术协作程度。技术协同对于创新绩效的支持作用主要表现为，组织在协同创新行为开展过程中涉及团队内部技术支持，知识互动等丰富的交流形式、技术协同能够有效拓展企业技术信息渠道资源。并且合作的范围越广，越能够拓宽企业知识源的范围，为最终转变为企业创新绩效创造有利条件。企业内部的知识来源和知识存量相对来说通常具有稳定性的特点，同时技术难题也经常呈现出同质性，因此，对于知识密集型产业，特别是高技术产业来说，广泛合作是企业在发展过程中实现知识增量的一种有效方法，也是企业获取互补性知识、独特创意和突破式技术创新的有效形式，有益于原始性创新活动的发生，创造集体价值。不同企业的知识、技术相互碰撞，提高了知识流动水平，继而提升创新绩效。Nieto 等（2007）关注供应商、客户和组织的协作程度与产品创新之间的相关性，选择西班牙制造业企业作为研究对象，证实了两者间具有显著的正向相关性。大量的实证研究表明，企业与外部技术源的协同可以使企业在互补性资源获取方面获得支持，实现企业内部多样性知识的积累，另外，在降低企业风险、分摊研发成本方面的技术协同也具有不可比拟的优势，最终促进创新绩效提升。

其次，能力协同是在创新活动过程中协同主体间的信任程度、协作协调能力、愿景一致性的程度。在协同创新过程中知识能否高效共享和吸收通常由创新主体间能力协同的程度所决定。能力协同对于创新绩效的支持作用主要表现为在创新协作主体间的行为互动、思维碰撞中实现的知识创造能力的增强。特别是企业在跨界搜寻技术时，通过与不同创新体间协调配合，不仅能够实现能力协同，适应动态变化的环境的能力也得以提升。何威等（2021）的研究也表明，协同创新能够显著提高创新绩效，其影响路径包括生产工艺提升、生产柔性提高、产品质量升级和人力资本提升等。同时，各创新主体的深层次协作往往意味着较低的知识转移成本、信息不对称风险和较高的信任程度、合作默契，使得隐性知识的转移、整合与共享更为高效。并且主体间协作越紧密，能力协同程度越高，企业对于研发所需的创新要素以及协作主体的创新资源的深入了解，在很大程度上可以消除因盲目尝试而产生的时间成本，以此更有针对性地获取、吸收、转化技术知识；关于创新绩效的提升方面，同样可以帮助企业降低资源的搜寻和甄别成本。由此，提出以下两个假设：

Hc1：技术协同对企业创新绩效具有正向影响；

Hc2：能力协同对企业创新绩效具有正向影响。

四　协同创新的中介作用

协同创新实质上是各创新主体基于要素交互实现价值增加的协作行为，具体来说，这一过程主要围绕技术和能力两方面的协同展开互动和多样化协作。在人才生态系统对创新绩效作用的过程中，企业的协同创新行为使得资源搜索范围得以扩大，企业可以在更大的知识系统里识别需要的技术，实现研发过程的知识互补，在不断实现技术源间的协同的过程中逐步提升协作团队的技术协同能力，达到技术能力两方面的协同，企业在协同创新过程中最终使得资源集聚，不断反哺自身，发展形成可持续的创新能力，因此协同创新在人才生态系统和创新绩效的关系中起到了中介作用。企业的创新成效依靠创新战略的具体实施，创新行为不仅决定着企业创新的成败，也决定着企业技术水平高低，同时企业的市场份额等也与之息息相关。并且内部协同网络的中介作用实质是资源在协同网络中的交互，人才进行创新要素的转移，需要通过协同网络作为媒介进行转移流动，因此，协同网络是创新氛围影响知识管理能力的途径。可以说，公司解决其创新创造能力和商业化能力缺乏问题的有效方式就是协作共享。由此，提出以下假设：

Hd：协同创新在企业人才生态系统与企业创新绩效之间起中介作用。

第四章 研究设计与数据收集整理

在明确了人才生态系统、协同创新和企业创新绩效的概念要义和维度的基础上,这一章围绕人才生态系统中的人才胜任力、组织环境、区域环境,协同创新中的技术协同、能力协同和企业创新绩效对这三个变量六个维度开展调研过程的设计和总结。同时,在文献回顾的基础上,本章选择学者验证过的成熟评价量表作为变量的测量标准。通过对人才生态系统对企业创新绩效的理论分析,本章将对调查问卷的设计、数据的收集和整理过程进行阐述,以便为研究假设的实证分析提供充分的准备。

第一节 调查问卷的设计

一 调查问卷的设计过程

调查问卷和访谈等形式是本书在实证过程中获得数据的主要方法。科学合理地对问卷进行设计是保证调查数据质量的必然要求。王重鸣(1990)认为,目的与研究框架、语句、用词以及组织格式构成了调查问卷量表的主要层次。在进行问卷设计时,问卷的目的决定着其内容和子量表的构成;在设计问卷时,应尽量做到使用简单的语句,并使得问题不带有任何引导性,尽量使用明确、具体的语句;抽象的词语在调查问卷设计过程中要被杜绝,这样可以有效地防止思维定式和控制反应偏向。马庆国(2002)指出,一份科学的调查问卷,其设计应遵循以下几点:研究目的是问题设计的根本依据;调查对象特征是问题设置的重要考虑因素;无法得到如实回答的问题要尽量避免；对于必须了解，而又有可能得不到如实回答的数据，尽量使用其他方法获取。荣泰生认为，调查问卷的设计应遵循以下几条基本原则：（1）主题明确，并使得调查对象能够很快地了解研究目的、基本要求以及调查过程；（2）尽量避免问卷的开始就使应答者觉得枯燥而失去合作兴趣，问题的设计应循序渐进，从一般性的简单问题开始；（3）为了减少应答者的混乱感，应该将同一主题的题项放在一起；（4）避免重复说明一些敏感性问题。

可见，一份合格调查问卷的设计，包含很多重要因素。本书在问卷设计中对专家提到的原则性问题进行了严密的考虑和处理。同时，在参考前人工作的基础上，多次探访被访谈者或被调查者，征求他们对于问卷表述的意见，并进行了多次修正。此外，避免一致性动机问题（consistency motifproblem）也是调查问卷回答过程中非常重要的因素，为了避免它的出现，根据 Podsakoff 和 Organ（1986），Salancik 和 Pfeffer（1977）及 Lee 等（2001）的观点，问卷对研究的逻辑和内容进行较少的描述，能够有效提升问卷结果的可靠性。据此，本书在问卷设计的过程中，并没有说明研究逻辑，从而最大限度地保证问卷结果的可靠性。

在参考大量国内外调查问卷设计形式、文献研究成果以及成功项目访谈的基础上，结合以下方法，逐步形成本书所需要的问卷。

第一，文献资料法。查阅了大量近年来相关学术论文、专著等研究文献，精读了大量国内外经典文献，并及时跟踪相关权威网站关于组织创新绩效和人才生态系统的最新研究进展。通过不断完善，形成初步调查思路。

第二，田野考察法（in-depth field interview）。研究以陕西企业中组织创新绩效表现较好的 6 家代表企业为重点对象，进行了深入田野考察，企业的高层管理者是访谈的主要对象。访谈的目的主要有两点：一是验证基本思路的正确性。为了检验研究思路是否与现实相符合，首先必须征询被访谈者关于初始假设的意见；二是征询被访谈者对研究模型各变量测度和表面有效性（face validity）等方面的意见，这样调查问卷的目的就得到进一步完善，最后通过田野考察逐步形成初始的调查问卷框架。

第三，专家访谈法。对该领域的一些专家进行了当面或者邮件访谈，拓展组织创新绩效和人才生态系统相关理论的广度及深度。因为该研究主要是针对人才生态系统对组织创新绩效的作用机理，故选择的专家主要为经济学、管理学、伦理学和心理学等专业的教授，以及有着丰富理论基础与实战经验的高层管理者。在此基础上，对问卷指标进行了完善。

第四，预调研。为了验证调查问卷中指标设置和问卷表述的合理性，本书对修改后的调查问卷进行了预测试。预测试的范围主要包括34家企业，调查的对象为企业内的高层管理者和与高管经常有密切接触的工作人员。根据被测试者的反馈，对问卷进行了再次修改，并在此基础上形成了最终的调查问卷。

第五，问卷调查。针对本书的主题，依据社会责任和人才生态系统的相关理论，在参考大量文献和对相关人士访谈的基础上，结合预调研的反馈结果，用最终的《人才生态系统与企业创新绩效关系研究》对176家企业进行了问卷调查。

本书中的问卷调查是围绕人才生态系统、企业责任管理及社会责任的履行之间的关系而设计的。因为假设检验的效果直接受到测量指标的影响，所以问卷设计当中所涉及的测量项目指标力求做到客观、科学，同时也确保测量变量的信度和效度。调查问卷设计过程主要分为以下几个步骤：

第一，收集相关文献，为变量的测量奠定基础。为了便于与已有的研究结论作对比分析，保持研究的连续性和一贯性，必须通过整理、总结和归纳国内外组织创新绩效的相关文献，并结合国内市场环境的实际情况，形成各考察变量的初步测量问项。研究参阅了大量相关文献，在对问卷中所涉及的三个潜变量（人才生态系统、协同创新、组织创新绩效）进行梳理的基础上，尽量引用已有的测量项目，并根据研究需要相应地调整或删除了部分测量项目，从而使得模型中的潜在变量都能够科学地被调查问卷的问题反映出来。

第二，小规模访谈，形成初始调查问卷。在定性分析的基础之上，提炼最能反映各个潜变量维度的代表性测量项目；并在与已有的测量项目进行对照的基础上，对有效的测项直接借用，而对不恰当的测项进行修正，对新的所需测项进行补充；此外，在进行前测之前，研究小组邀请了数位组织创新绩效和人才生态系统领域的专家，让他们对问卷进行了严格审查：对于意义重合的题项予以删除，对于表述不清或者语言含糊的题项进行了修改和注释。最终形成一份初步的调查问卷。

第三，预测试。测量项目被确定之后，编成初步的调查研究问卷。并对 EMBA 和 MBA 的学员进行前测，让他们来评价问卷中所测量的项目是否能够达到测量的目的和要求、是否符合企业及高管的实际情况等，并请他们填写问卷，以便检验问卷的可靠性和有效性。

第四，完善问卷。通过对预测问卷的结果进行认真分析，项目小组对调查问卷中的一些测量项目进行了必要的调整、修正和补充。

第五，完成问卷。通过以上不断的积极实践，项目研究小组经过反复斟酌，调整了部分测量项目，形成最后的调查问卷。

二 调查问卷的设计内容

由于问卷的目的及其理论依据决定了问卷量表的构成、题项的安排及内容，因此，这是在调查问卷设计中需要重点考虑的内容（王重鸣，1990）。本书将项目小组自行设计的问卷作为研究工具，问卷设计的目的是研究人才生态系统对组织创新绩效的作用机理，因此，需要调查问卷能够为所研究项目提供充实有效的数据。基于此，针对各部分研究目的，调查问卷须由以下三部分组成：（1）简要说明本书的调查目的；（2）收集被调查者的基本信息及其企业信息；（3）调查问卷的主要内容。这部分的内容由三个小部分构成，即人才生态系统、协同创新和组织创新绩效状况。其中，这三个小部分又由各自维度下的若干小问题组成。

在资源基础观（RBV）的基础上完成了对"人才生态系统—协同创新—企业创新绩效"的理论模型的构建，研究对象为微观主体企业。在分析数据获取方面选择问卷调查的方式，以此应对测量数据难以从现有数据库资源中获取的现象,并且此方法也是社会科学领域收集原始数据的合理途径,基于以上两方面的考虑,最终明确了本书的数据收集方式。一般而言,测量题项是否准确、合理、客观在很大程度上决定了问卷数据的可靠性和有效性,出于研究的规范性考虑,本书将问卷设计过程划分为以下几个部分:

(1) 对学者们在研究中已检验的本书涉及的测量指标进行归类汇总。借鉴专家思想,在权威性文献中提炼研究所契合的且广泛使用的维度划分、构念指标和题项,形成初步的问卷。

(2) 邀请10位管理学领域教授和12位企业高级管理人员进行访谈交流,依据学者建议、企业管理实际和本书的特点对测量题项进行情景化处理,同时对题项顺序、格式进行修改、题项均采用正向问法,使问卷便于调查对象的理解和回答。

(3) 在一些企业的小型预调研中,根据所获得的信息,对数据进行信效度测试,并在统计分析结果的基础上,对题项进行了再次修改和删减,最终得到本书的调查问卷。

围绕研究目标将问卷划分为调研对象基本情况和调研主体内容两部分,具体内容见附录。其中,前者用以反映样本分布的状况;后者由人才生态系统、协同创新、企业创新绩效三部分内容组成。Likert 5点法在社会调研中的应用较为广泛,本书问卷采用Likert 5点量表法对人才胜任力、组织环境、区域环境、技术协同、能力协同、创新绩效6个潜变量进行测量。问卷主体内容部分,选项规则为:"完全符合""比较符合""一般""比较不符合""完全不符合"分别对应5到1的计分数值。调查问卷所涉及主要测量题项的文献主要来源如表4-1所示。

表4-1　　　　　　　问卷各部分测量项目主要来源

序号	问卷组成部分	文献来源
1	基本资料	自行整理

续表

序号	问卷组成部分	文献来源
2	人才生态系统	Wright（2005）、周霞、景保峰和欧凌峰（2012）、商华和王苏懿（2017）等、Castro等（2013）、Hurley和Hult（1998）、李刚和陈利军（2010）等、张炜（2010）、林剑（2014）、孙卫东（2021）等
3	协同创新	Abhari等（2017）、潘宏亮（2017）等
4	组织创新绩效	Zhang Y和Li H（2010） 陈钰芳和陈劲（2009）、蔡宁和闰春（2013）等

资料来源：作者根据相关文献整理。

为确保测量工具的效度及信度，在人才生态系统、协同创新、组织创新绩效的履行等概念的衡量方法和操作性定义上，研究尽可能采用国内外已报道过的量表，再根据本书的目的进行修改，从而作为收集实证数据的工具。

问卷调查的基本情况，包括性别、年龄、受教育程度、所负责的部门、任职年限，以及被评价企业的性质、规模、所属行业等基本情况。其中，对问卷填写人的负责部门和任职年限的调查是判断问卷有效性的重要指标之一；通过对企业性质、规模及所属行业的调查为研究不同企业的社会责任履行情况存在何种差异打下基础。

基于前文对人才生态系统的文献梳理和理论假设的验证需要，本书拟采用人才胜任力、组织环境和区域环境三个维度对人才生态系统进行测量。

（一）人才生态系统的测量

（1）人才胜任力

人才胜任力构念主要表征企业内部人才胜任能力的程度，主要参考 Wright（2005），周霞、景保峰和欧凌峰（2012），商华和王苏懿（2017）等编制的人才胜任力评价指标，并在此基础上结合企业的人才配置情况，参考专家意见，初步提取8个题项（见表4-2）。

表 4-2　　　　　　　　　人才胜任力维度测量量表

维度	编码	题项	参考来源
人才胜任力	Aa1	我具有工作所需的专业知识	Wright（2005）、周霞、景保峰和欧凌峰（2012）、商华和王苏懿（2017）等
	Aa2	我具有工作所需的行业经验	
	Aa3	我经常关注新知识、新技术和新领域	
	Aa4	我有良好的沟通能力	
	Aa5	我有良好的问题解决能力	
	Aa6	我具有良好的学习能力	
	Aa7	我不断追求卓越的工作成果	
	Aa8	我知道本职工作的重要性，并愿意承担相关责任	

（2）组织环境

组织环境构念主要表征为企业进行创新活动所具备的创新文化、创新氛围、创新环境状况，主要参考 Castro 等（2013）、Hurley 和 Hult（1998）、李刚和陈利军（2010）等编制的量表，从企业的组织环境现实情况着手，参考专家意见，初步提取 5 个题项（见表 4-3）。

表 4-3　　　　　　　　　组织环境维度测量量表

维度	编码	题项	参考来源
组织环境	Ab1	我的公司鼓励创造、创新或开发新想法	Castro 等（2013）、Hurley 和 Hult（1998）、李刚和陈利军（2010）等
	Ab2	我的公司企业文化有面向创新的价值观、信念或目标体系	
	Ab3	我的公司管理层积极寻求创新理念	
	Ab4	我的公司鼓励自由公开的交流	
	Ab5	我的公司关心员工的技能和专长的培养	

（3）区域环境

区域环境构念指标主要考察企业所在区域的资源、技术、政策、金融、基础设施环境等状况，主要参考张炜（2010）、林剑（2014）、孙卫东（2021）等的研究成果，在此基础上形成了本书使用的人才生态系统中区域环境的初始量表，共计 4 个题项（见表 4-4）。

表 4-4　　　　　　　　　区域环境维度测量量表

维度	编码	题项	参考来源
区域环境	Ac1	企业曾经得到各级政府的创新基金、贷款或补贴	张炜（2010）、林剑（2014）、孙卫东（2021）等
	Ac2	企业容易获得国家或地方政府的创新创业政策支持	
	Ac3	企业所在区域基础设施配套合理（如停车场、商务中心等）	
	Ac4	企业所在区域管理水平良好（如物业服务、项目孵化服务等）	

（二）协同创新的测量

协同创新这一构念的测量主要参考 Abhari 等（2007）、潘宏亮（2017）等学者的研究成果，构念包括技术协同和能力协同两个维度。其中，技术协同维度由 5 个测量指标进行衡量，能力协同维度由 3 个测量指标进行衡量（见表 4-5）。

表 4-5　　　　　　　　　协同创新维度测量量表

维度	编码	题项	参考来源
技术协同	Ba1	协同主体间技术互补对接程度高	Abhari 等（2017）、潘宏亮（2017）等
	Ba2	技术部门与其他部门经常进行信息沟通和资源共享	
	Ba3	企业经常采用跨职能团队来研发新产品	
	Ba4	企业高层有专门负责技术与其他部门协调配合的人员	
	Ba5	现有技术创新组织架构和流程合理	
能力协同	Bb1	协同主体间愿景目标协同性较高	
	Bb2	协同主体间相互信任程度较高	
	Bb3	协同主体间具有良好的互惠互利能力	

（三）创新绩效的测量

企业创新绩效是多维度变量，本书选择 Zhang Y 和 Li H（2010）、陈钰芳和陈劲（2009）、蔡宁和闫春（2013）等学者在研究中关于创新绩效的考察评价标准作为参考，最终采用新产品推出频率、新产品开发周期、新产品市场接受度、新产品质量以及新产品的市场开拓力

5 个指标展开调查分析（见表 4-6）。

表 4-6 企业创新绩效维度测量量表

维度	编码	题项	参考来源
企业创新绩效	C1	我们公司推出新产品/服务的频率较高	Zhang Y 和 Li H (2010)、陈钰芳和陈劲(2009)、蔡宁和闫春(2013) 等
	C2	我们公司创新产品的开发周期比较短	
	C3	我们公司的创新产品市场接受程度较高	
	C4	创意或创新经常达到或超出客户的预期	
	C5	我们公司利用新产品开拓市场能力较强	

第二节　数据收集

在调查数据收集的整个过程中，本书主要经历了以下两个步骤：确定调查对象以及问卷的发放与回收。

一　确定调查对象

Fowler（1988）认为，最有可能导致被调查者对问题的回答不够准确，主要有以下四个因素：第一，被调查者不能够明确地回答相关信息；第二，被调查者不具备回忆答案信息的条件；第三，被调查者不愿对问题进行回答；第四，被调查者不理解问卷问题的具体内容。对被调查对象进行严格选择和控制，是本书为了尽可能避免基于上述因素的信息失真所采取的有效措施。

样本的选取主要从以下两个方面考虑：一方面是怎样的企业才能够入选研究样本；另一方面是由企业中哪些部门来回答问卷。本书研究的是人才生态系统与组织创新绩效之间的相关关系，该问题与企业战略相关并且包含了企业经营行为。因此，为了保证对相关调查概念的准确理解，调查对象必须是对企业有全局性了解的企业高层领导或与之有紧密联系的，且受教育程度中较高的相关人员。这样才能够最大限度保证问卷的信度与效度。

二 问卷的发放与回收

为了确保样本的有效性，问卷的发放采用网络发放与当面发放相结合的方式。现场发放的样本主要是来自 EMBA 和 MBA 以及由专业组织举办的高层管理论坛的企业管理者。此外，项目组成员还走访了大量企业家、高层管理者并进行了深度访谈。所以采用这种做法有以下几个主要原因：第一，大部分被调查者都比较关注当今社会政治和经济领域的发展，同时，他们对管理学课程比较熟悉，对调研问卷的内容能够较好地理解。更重要的是，他们对企业情况非常了解。第二，调查过程中，少量高管不愿意填写调查问卷，对于这部分人员，也不勉强填写。第三，本次问卷调查的意义得到了一部分被调查者的充分肯定，并表示愿意表达自己最真实的意见，甚至还有不少被调查者表示非常愿意进行继续交流，希望进一步了解问卷回收所得的分析结果。所以大部分被调查者都能认真地填写问卷。由于双方的信任度较高，小组成员采用现场发放的形式，共发放 83 份调查问卷，回收率为 100%。

此外，本书参考 Dawn R. Detienne、Christine S. Koberg 和 Kurt A. Heppard（2003）的经验，依据 Dillman（1978）的全面设计方法（Total Design Method，TDM），采用以网络信函方式对调查问卷进行间接发放。向样本框架中的企业共发放 319 份问卷，并附有基本要求（如样本选择、被调查对象选择等），请他们委托符合条件的高层管理者（或者与高管有密切接触的工作人员）进行填写。在说明信函中，研究者向被调查者保证对所填问卷进行严格保密，并承诺向感兴趣的被调查者提供成熟的研究报告。最终，在共计发放的 319 份调查问卷中收到回复 287 份。

第三节 数据整理

问卷调查结束以后，研究小组对回收问卷进行了认真的检查与整理。首先，对于存在明显态度问题填写的，或者未完成的调查问卷进行了剔除；其次，在数据输入过程中，研究者对填写质量进行了检查，对回答质量不合格的问卷进行了删除。删除原则有以下几点：（1）存在等于或大于 5 个缺漏选项的问卷；（2）存在绝大多数问题为相同回答的问卷；（3）一个题项给出多个答案，并且无法判断其最终答案的问卷；（4）存在明显规律性答案现象的问卷（如同一排列规律答案重复出现或出现"Z"字形状的答案）。最后，按照编号排序将通过筛选的调查问卷结果输入计算机，为下一步的统计分析做好准备。

一　问卷回收情况

调查问卷发放的时间范围为 2020 年 7 月至 2021 年 3 月。调研涉及 176 家企业，问卷共计发放 402 份，总共回收 370 份，回收率为 92.04%。问卷回收后，剔除无效问卷，得到有效问卷 352 份，问卷有效率为 95.14%。问卷回收状况的具体情况如表 4-7 所示。

表 4-7　　　　　　　　　　问卷回收统计表

问卷情况	问卷份数	所占比例
实际发放问卷	402	100%
回收问卷	370	92.04%
有效问卷	352	95.14%
无效问卷	18	4.86%

一般地，结构方程模型分析所需的样本数量的确定应该遵循以下方法：样本数减去模型中所需要估计的参数数量大于 50，适合用最大似然估计法来估计，结构方程模型的样本数最少在 100—150 之间（Ding et al.，1995）；如果样本数过大（如大于 500），那么最大似然估计将变得过于敏感，可能导致全部配合度指标检验呈现出配合不佳的效果（Tan-aka，1987；Mar et al.，1988）。同时，Boomsma（1982）认为，样本容量也不能小于 100，因为如果样本容量小于 100，就会导致相关矩阵不够稳定，从而使结构方程分析的信度降低。可见，本书所收集的样本数 N=352 是适当的。

二　数据分析

彼得·德鲁克认为，创新型企业能够凭借企业创新文化或精神发展培育企业创新行为，继而通过连续的创新行为提升自身的市场拓展能力，实现创新发展。当下，科技是国之利器，国家赖之以强，企业赖之以赢。随着世界各国不断在创新研发和科技赋能上持续发力，创新型企业试点工作发展成为完善国家创新体系的重要一环。在学术研究领域，国内外学者们也不断投入对创新型企业的研究和讨论。创新型企业是拥有自主知识产权和知名品牌，并且将技术创新作为其竞争优势来源的企业。本书选择创新型企业作为研究对象，根据国家和地方发布的已批准创新型企业试点名单，在全国范围内对创新型企业初步筛选，选出具有代表性的创新型企业，通过邮寄问卷、问卷星点对点发放等方式进行数据收集。为避免潜在误差，每家企业至少由两名人员填写问卷，调研涉及176家企业，总共回收370份问卷，有效问卷352份，有效问卷率为95.14%。其中，为最大限度反映企业的人才生态系统和企业创新现状，调研主要选定创新型企业内部中高层管理者、技术骨干等与创新活动密切相关的群体，并在调研初期对研究对象严格筛选，确保答卷受众人群的来源和研究目的达成一致。

通过运用SPSS 26.0对样本的基本情况总体分布进行描述性统计分析（见表4-8），研究分析如下：在年龄分布上，31—40岁和30岁以下年龄段占比分别为35.8%、34.94%，比例超过总体的70%，总的来看，受访样本的年龄分布呈现年轻化的特点；在性别变量上，为最大限度消除因性别样本分布而产生的控制变量干扰，本书对受访者性别进行了筛选，最终分布情况为男性占比52.27%，女性占比47.73%，基本保证比例均衡；对于受访者工作年限的统计中，受访者参加工作时间在5年及以下、6—10年、11—15年、15年以上的占比分别为42.61%、32.67%、15.63%和9.09%，基本能满足本书的调查需要；学历方面，30.11%的受访者为本科生，29.55%的受访者为研究生，大专占29.26%，大专以下的占11.08%，整体而言，在这一维度上样本分布较均衡；行业类型方面，样本在高新技术产业、消费品行业、知识密集型服务业的分布比例分别为26.14%、30.11%和24.15%，结构分布合理；对受访者的岗位分布进行统计，结果显示：研发设计类、生产类、执行类、管理类人才占比分别为39.77%、

10.23%、20.45%和32.1%，基本符合研究需要；企业规模方面，101—500人的公司占主体，占43.75%，501—1000人以上员工的公司占26.99%，企业规模总体偏中大型企业。

通过对调查数据进行描述性统计，可以更直观地反映所收集到的样本情况，从而为进一步提炼研究结论提供了理论依据。

表4-8　　　　　　　　　　描述性样本统计

企业概况	分类	计数	比例%
性别	男	184	52.27
	女	168	47.73
年龄	30岁及以下	123	34.94
	31—40岁	126	35.8
	41—50岁	85	24.15
	51岁及以上	18	5.11
工作年限	5年及以下	150	42.61
	6—10年	115	32.67
	11—15年	55	15.63
	15年以上	32	9.09
学历水平	大专以下	39	11.08
	大专	103	29.26
	本科	106	30.11
	研究生	104	29.55
岗位性质	研发设计类	140	39.77
	生产类	36	10.23
	执行类	72	20.45
	管理类	113	32.1
	其他类	3	0.85
企业类型	高新技术产业	92	26.14
	消费品产业	106	30.11
	知识密集型服务业	85	24.15
	其他创新型企业	69	19.6

续表

企业概况	分类	计数	比例%
企业规模	1—50 人	28	7.95
	51—100 人	29	8.24
	101—500 人	154	43.75
	501—1000 人	95	26.99
	1000 人以上	46	13.07

第三节 本章小结

在上一章提出人才生态系统对组织创新绩效影响的概念模型和研究假设的基础上，本章进行了研究设计、数据收集及整理。具体分为以下三个步骤：

第一，调查问卷设计。基于构建的概念模型，在认真系统地梳理国内外学者和组织关于组织创新绩效和人才生态系统研究的基础上，通过小规模访谈、预测试及不断修订问卷，确定了问卷的自变量、因变量、中介变量及调节变量的具体指标，形成最终调查问卷。

第二，数据收集。在不断完善调查问卷，最终形成问卷之后，样本数据的收集成为研究的重点工作。研究小组在认真听取专家意见的基础上，严格筛选问卷的调查对象，并对问卷进行了认真的发放与回收，以确保数据的真实性与有效性。

第三，数据整理。对于所有回收问卷，按照科学的原则进行了认真的整理。为了保证数据的有效性，剔除了不合格问卷，并对问卷的基本构成进行了具体分析，为下一章的实证分析提供了有力支撑。

第五章 实证分析与假设检验

本章将基于调查问卷资料,通过结构方程建模,对人才生态系统与组织创新绩效之间的关系进行实证分析与假设检验,并对部分结论进行分析和讨论,最后以案例剖析进一步论证研究假设。

第一节 数据处理方法与技术手段

本书主要运用 SPSS 26.0 和 AMOS 24.0 等软件对回收问卷的数据进行了分析,采用的数据处理方法包括以下几种。

一 描述性统计分析

描述性统计分析(Descriptive Analysis)是数据分析的重要开端,它可以发现样本数据的内在联系,再选择与之对应的分析方法。描述性统计分析主要对数据的频数、集中趋势、离散程度、数据的分布,以及一些基本的统计图形等所有变量的有关数据做统计性描述。

二 信度和效度检验

一般来讲,如果对相同或相似的群体进行不同的测量,所得结果的一致程度较高,就称其信度(reliability)较高。信度指测量结果的一致性、可靠性或稳定性,是效度的必要非充分条件。换句话说,测量没有信度就无效度可言。对信度进行评价可借助对同一量表的不同测量分析其结果之间联系。

效度(validity)是指采用因素分析对问卷的理论构思所进行的验证。效度检验包括两个重要方面:即构建效度(construct validity)和内容效度(content validit)。内容效度指的是问卷题项能在多大程度上反映研究者所需测量数据的程度。因此，如果问卷的测量内容能够很好地包含研究者所需要的评价内容，就表明所使用的测量内容具有合理的内容效度。对构思效度进行科学的评定，最重要的是对测量的总体安排、项目的结构以及项目之间的关系做出合理的说明，再运用因素分析等方法从若干数据中分解出基本构思，从而对测量的构思效度进行分析。由于本书借鉴了很多过去的相关文献，相关变量已经被多次使用，因此，问卷应该符合构建效度的要求，同时也具有相当的内容效度。

三　因子分析

Church 和 Burke（1994）认为，探索性分析优势在于对未知的构思，而验证性分析优势在于为假设模型提供合理的拟合指标和检验。探索性因子分析（Exploratory Factor Analysis，EFA）和验证性因子分析（Confirmatory Factor Analysis，CFA）是因子分析的两种主要形式。两者虽然都是用来检验量表及模型的结构效度，但也存在很大区别：EFA 能够检验初步的结构探讨或理论形成，并有效地寻找事物的内在结构，但它不能检验理论的因素建构；然而，CFA 能够测验已知的特定结构是否根据假设的机理发挥作用。CFA 虽然也是检验量表及模型的结构效度，但它不同于 EFA。CFA 希望由收集到的数据来检验初始的研究假设结构是否正确，因此是针对因素结构，用结构方程模式做验证而非探索。正如 McDonald 和 Marsh（1990）所指出的，与 EFA 相比而言，CFA 使得研究者通过相关理论的分析与具体的限制，能够使理论和实证相互融合。

四　结构方程模型分析

20 世纪 80 年代，在统计理论的研究基础上，Joreskog 和 Sorbom 等学者提出结构方程模型（Structure Equation Modeling，SEM），它是一种建立在许多传统统计方法基础上的综合性统计方法。SEM 是对路径分析、验证性因子分析、多元回归分析及方差分析等统计方法的综合运用及提高。

在结构方程模型中，可以分别用一组观测变量或指标来表示所有的潜在变量，并且一组潜在变量是某几个观测变量的线性组合，从而假设一组潜在变量之间存在因果关系。SEM 通过验证观测变量之间的协方差，估计线性回归模型的系数，进而验证初始假设的模型是否适合研究的整个过程。相比较于其他多元统计方法，结构方程模型具有以下突出优点：

(一) 多个变量被同时处理

结构方程模型可同时考虑并处理多个因变量，它可以分析多个自变量与因变量之间的复杂关系，而传统的回归分析或路径分析只对每个因变量逐一计算，在计算自变量对某一因变量的影响或关系时，忽略了其他因变量的存在及其影响，并需要多次处理这些变量之间的关系。只有结构方程可以做到同步分析，这就会在很大程度上提高研究的准确性。此外，结构方程可以同时计算出多个自变量之间的关系，特别是应用于中介效用的研究。

(二) 允许自变量和因变量有测量误差

回归分析等许多常用的传统方法虽然允许因变量含测量误差，但前提是假设自变量是没有误差的。由于观察变量一般都是由问卷题目而来，问卷结果本身就是由真实值和测量误差所组成的，这样就难免出现误差项。而结构方程不仅可以科学地估算出测量误差的大小，而且可以估计出其他参数值，这样就在很大程度上提高了整体测量的准确度。可见，结构方程模型不仅能考虑因变量的误差，而且也能处理自变量的误差。所以，能够提供更加精确的解答是结构方程分析的一个突出优点。

(三) 结构方程模型允许的测量模型弹性更大

在传统的统计学分析方法中，通常只允许一个指标从属于单一的因子，然而在结构方程分析中，某一单一指标完全可以从属于两个潜在因子，而且可以计算出比较复杂的从属关系模型，如高阶因子等。

(四) 估计模型的拟合程度

在传统的统计学路径分析中，一般只能估计每一路径关系的强弱。但是在结构方程分析中，不仅可以估计上述参数，而且能够计算出各种模型对于相同的样本数据的整体拟合程度，这为判断更接近实际数据的合适模型提供了很大便利。

结构方程模型可以由三个矩阵方程式代表，且由测量模型和结构模型组成。测量模型一般由两个方程式组成，分别规定了内生的潜在变量 η 和内生的观测变量 y 之间，以及外生的潜变量 ξ 和外生的指标 x 之间的关系。也就是说，测量模型可以被看作是对观测变量的可测量性或可靠性的一种描述。具体表达式为：

$$x = \Lambda_x \xi + \delta \qquad (5-1)$$

$$y = \Lambda_y \eta + \varepsilon \qquad (5-2)$$

其中，x 是外源（exogenous）指标组成的向量；y 为内生（endogenous）指标组成的向量；Λ_x 为外源指标在外源潜变量上的因子负荷矩阵，为外源指标与外源潜变量之间的关系；Λ_y 是内生指标在内生潜变量上的因子负荷矩阵，为内生指标与内生潜变量之间的关系。δ 为外源指标 x 的误差项；ε 为内生指标 y 的误差项。

结构模型主要是建立内生潜变量与外源潜变量之间的关系。它类似于路径分析模式，但不同的是后者使用观察变量，而前者使用潜变量。结构模型的具体表达式为：

$$\eta = B\eta + \Gamma\xi + \zeta \qquad (5-3)$$

其中，η 为内生潜变量；B 为内生潜变量间的关系；Γ 为外源潜变量对内生潜变量的影响；ξ 为外源潜变量；ζ 为结构方程的残差，反映的是 η 在方程中未能被解释的部分。

结构方程模型的建立涉及八个基本的参数矩阵：Λ_x、Λ_y、B、Γ、Φ、Ψ、Θ_ε、Θ_δ。其中 Λ_x、Λ_y、B、Γ 的内涵如上文所述，Φ 是外生潜变量 ξ 的协方差矩阵，Ψ 是结构模型残差项 ζ 的协方差矩阵，Θ_ε、Θ_δ 分别是内源变量 x、外源变量误差项 ε 和 δ 的协方差矩阵。模型的设定实际就是设定上述八个矩阵中所包含的一整套模型参数。这些模型参数既可以设定为自由参数，也可以设定为固定参数。

在结构方程模型中，不是以每个案例（case）的因变量预测值与观测值之间的差异，而是观测值的协方差（observed variances/covariances）与预测的协方差（predieted variances/covariances）之间的差别作为残差（residuals）。因为结构方程模型的估计过程与其他统计方法有所不同，它追求的是尽量缩小样本的协方差（S）与模型估计的协方差

($\Sigma(\theta)$)值之间的差异,而不是尽量缩小样本每一项记录的拟合值与观测值之间的差异。结构方程模型的基本假设是:

$$F(S, \Sigma(\theta)) = 0 \tag{5-4}$$

从式(5-4)可以看出,结构方程模型是建立在拟合函数 $F(S, \Sigma(\theta))$ 最小化的基础上的统计方法。若模型设定合理,$\Sigma(\theta)$ 将非常接近于(S),它的估算过程采用特殊的拟合函数,使 $\Sigma(\theta)$ 与(S)之间的差异最小化。虽然有不少拟合函数的估计程序可被选择,但最常用的估计方法依然是最大似然法(Maximum Likehood,ML)。它的估计函数如式(5-5)所示。

$$F_{ML} = \log|\Sigma(\theta)| + tr(S\Sigma^{-1}(\theta)) - \log|S| - (p+q) \tag{5-5}$$

其中,$tr(A)$ 代表矩阵 A 的迹,$\Sigma(\theta)$ 则是模型估计的协方差矩阵,S 是全部变量组成的 $(p+q)\times 1$ 向量的样本协方差矩阵,S 和 $\Sigma(\theta)$ 都是正定矩阵,且 $\Sigma(\theta)$ 存在逆矩阵。最大似然法有以下五点重要特征:(1)最大似然法估计是一致估计,即当样本数量不断扩大时,参数估计收敛于总体的真实值;(2)最大似然估计属于无偏估计,也就是说,从平均水平的角度考虑,如果用大样本数据估计总体参数,不会出现高估或低估的现象;(3)最大似然估计能够呈现正态分布,即当样本容量扩大时,正态分布是其参数估计的分布趋势;(4)最大似然估计是有效估计,即在大样本数据进行参数估计时方差最小;(5)最大似然估计不受显变量的测度单位影响,即测量单位的改变,不会造成模型结果的改变。

本书的人才生态系统、企业协同创新及社会责任的履行等潜在变量(Latent Variables,LV)存在不能准确、直接测量等问题,因此需要通过一些外显指标(observable indicators)对它们进行间接测量。由于方法本身的限制,传统的统计分析方法无法正确处理这些潜在变量。这也是本书选择结构方程模型的重要原因。总之,SEM 能够通过验证概念模型中所包含的潜在变量结构是否合理,从而对各种潜在变量之间的因果关系进行验证。构建、拟合和评价是 SEM 的三个具体步骤。

第一，模型构建。SEM 是一种验证性因子分析，也是一个特定模型建构的开端，用来验证所设计模型是否合理。路径系数和路径图可以用来表示所构建的模型。

第二，模型拟合。在完成模型构建的基础上，对观察变量进行参数估计。

第三，模型评价。完成以上工作后，研究者需要评价模型和数据之间的拟合程度。

同时，可以选择以下几个指标对研究的概念模型进行评价：χ^2/df、RMSEA、AGFI、GFI、IFI、CFI 及 NFI。需要强调的是，结构方程模型是运用特定的统计学方法处理较为复杂的理论模式，并依据模式和数据的一致性程度，来评价其理论模型，最终对研究者预先的理论假设进行证实或者证伪。其中，许多衡量标准可被选择用于评价模型的总体拟合程度，拟合指数主要包括相对拟合指数（relative index）和绝对拟合指数（absolute indexes）。

绝对拟合优度指标和相对拟合优度指标是实证检验中的常用方法。两者的区别在于：绝对拟合优度指标用来确定实际数据可以和概念模型的拟合程度，它是协方差矩阵或相关矩阵，通常用近似误差均方根（RMSEA）、拟合优度指数（GFI）以及卡方统计值与自由度的比值等方法对其进行衡量；而相对拟合优度指标是将概念模型和基准模型相比较而得到的，即将概念模型与虚拟模型进行比较，考察拟合程度改进的程度。通常用常规拟合指数、调整的拟合优度指数、增加拟合指数、比较拟合指数等对相对拟合优度指标进行衡量。

表 5-1　　　　　　　　验证性因子分析模型拟合指数

类型	拟合指数	参考标准	备注
绝对拟合指数	χ^2/df	1—3	多组比较时非常有用
	拟合优度指数 GFI	>0.90	应用不同模型评价表现稳定
	调整的拟合优度指数 AGFI	>0.90	增加自由度时调整 GFI
	近似均方根误差 RMSEA	<0.08	模型不简约时加以惩罚
	RMR	<0.1	

续表

类型	拟合指数	参考标准	备注
相对拟合指数	相对拟合指数 CFI	>0.90	对比较嵌套模型特别有用
	标准拟合指数 NFI	>0.90	对非正态和小样本容量敏感
	Tucker-Lewis 指数 NNFI	>0.90	可用来比较嵌套模型
	递增拟合指数 IFI	>0.90	应用最小二乘时，比 NNFI 要好

如果数据不能很好地被模型拟合，那么，就需要修正和再次设定模型。修正和再次设定模型需要考虑如何增加、删除和修改模型参数，从而达到增进模型拟合程度的目的。

本书的主要目的是验证人才生态系统对组织创新绩效履行的影响的整合模型，整合模型所涉及的变量之间关系复杂且测量中存在误差，采用一般的多元回归分析、路径分析和因子分析方法均无法提示出它们之间蕴含的关系，而结构方程模型方法则恰好克服了上述方法的不足。因此，它最适合于分析本书模型。

第二节 信度与效度检验

保证样本数据的有效性、集中趋势及分布形态的合理性是实证分析的重要环节，而且还有一个非常重要的环节，那就是所采用量表的信度和效度检验。数据信度，即数据可靠性，是衡量数据质量的一个重要的指标，它是指调查问卷的测量结果的稳定性或一致性的程度。也就是说，量表的信度越高表示量表越稳定。信度估计的方法很多，如重测信度、复本信度、内部一致性信度以及评分者信度等。目前，内部一致性系数（Cronbach's α）值是学术界在实证研究中普遍使用的方法。问卷信度，主要用以判别样本的回答结果是否可靠，是表明评价工具质量的重要指标。本书运用 SPSS 26.0 对问卷主体部分的所有量表进行内部一致性分析，判断所依据的指标为克隆巴赫系数（即 Cronbach's α 系数），通常认为，该系数在大于 0.8 的情况下表示信度良好,当系数处于 0.7—0.8 时则认为信度可接受,而当系数小于 0.7 时则代表信度不好,根据运行结果(见表 5-2),总量表的 α 系数为 0.951,初步显示整体信度良好。

表 5-2　　　　　　　　　总量表信度分析结果

Cronbach's α	项数
0.951	30

在明确了总量表信度良好的基础上,展开关于各分量表的一致性分析。良好的信度要求分量表修正后总计相关性(即 CITC 值)趋近 1,通常认为,当题项 CITC<0.35 时,并且删除某题项后的克隆巴赫系数出现增加的现象,则选择将其删除。

问卷效度主要用以判别测验的有效性和准确程度,反映受访者现实表现和实际测量到的数据所展示的一致性程度,通常在研究中考察内容效度和结构效度。在内容效度的分析中,本书中人才胜任力、组织环境、区域环境、技术协同、能力协同均来自已通过检验的成熟量表和题目,并对一些创新型企业的高级管理人员进行了访谈,故本书的问卷代表性良好。检验结构效度是判别实验与理论之间的一致性程度,它能判别题项能否反映所测维度,因子分析是常用的判别方式。在此之前,本书运用 SPSS 26.0 计算各分量表的 KMO 值和对变量进行 Bartlett 球形检验,一般认为 KMO 在 0.7 以上,球形检验结果显著则可以进行因子分析。接着研究选择主成分法作为因子分析的方法以此验证前文的维度划分。根据计算出来的结果,当提取因子的累计方差贡献率>50%,题项的因子载荷>0.5 时,则表示该变量达到结构效度统计要求。

一　人才胜任力信度效度检验

首先对人才胜任力量表的 8 个测量题项展开一致性分析,研究结果显示(见表 5-3),人才胜任力的 Cronbach's α 系数为 0.935,修正后总计相关性 CITC 值均在 0.7 以上,且删除某一题项后的 α 系数均低于 0.935。说明人才胜任力分量表信度良好。

表 5-3　　　　　　　　人才胜任力信度检验结果

变量	题项	CITC	删除此题后的 α 系数	Cronbach's α
人才胜任力	Aa1	0.808	0.923	0.935
	Aa2	0.807	0.923	
	Aa3	0.779	0.925	
	Aa4	0.774	0.926	
	Aa5	0.781	0.926	
	Aa6	0.724	0.930	
	Aa7	0.798	0.924	
	Aa8	0.716	0.930	

对人才胜任力量表选择最大方差旋转并遵循特征值>1 的标准展开因子分析，研究结果（见表 5-4）如下：人才胜任力的 KMO 为 0.951，Bartlett's 球形度 P 值均小于 0.001，因子载荷均在 0.6 以上，累计方差贡献率为 69.005%，说明人才胜任力维度题项无须删减，结构效度符合统计要求。

表 5-4　　　　　人才胜任力因子载荷及 KMO 检验结果

变量	题项	因子载荷	KMO	Bartlett's 球形度检验		累计方差贡献率%
				卡方值	P 值	
人才胜任力	Aa1	0.739	0.951	1986.190	0.000	69.005
	Aa2	0.736				
	Aa3	0.699				
	Aa4	0.691				
	Aa5	0.700				
	Aa6	0.623				
	Aa7	0.722				
	Aa8	0.611				

二　组织环境信度效度检验

对组织环境量表的 5 个测量题项展开一致性分析，研究结果显示

（见表5-5），组织环境的Cronbach's α系数为0.840，修正后总计相关性CITC值均在0.5以上，且删除某一题项后的α系数均低于0.840。说明组织环境分量表信度良好。

表5-5　　　　　　　　组织环境信度检验结果

变量	题项	CITC	删除此题后的α系数	Cronbach's α
组织环境	Ab1	0.695	0.799	0.840
	Ab2	0.663	0.809	
	Ab3	0.692	0.796	
	Ab4	0.579	0.822	
	Ab5	0.634	0.812	

对组织环境量表选择最大方差旋转并遵循特征值>1的标准展开因子分析，研究结果（见表5-6）如下：组织环境的KMO为0.855，Bartlett's球形度P值均小于0.001，因子载荷均在0.5以上，累计方差贡献率为62.173%，说明组织环境维度题项无须删减，结构效度符合统计要求。

表5-6　　　　　　组织环境因子载荷及KMO检验结果

变量	题项	因子载荷	KMO	Bartlett's球形度检验		累计方差贡献率%
				卡方值	P值	
组织环境	Ab1	0.666	0.855	669.963	0.000	62.173
	Ab2	0.635				
	Ab3	0.672				
	Ab4	0.545				
	Ab5	0.590				

三　区域环境信度效度检验

对区域环境量表的4个测量题项展开一致性分析，研究结果显示（见表5-7），区域环境的Cronbach's α系数为0.906，修正后总计相关性CITC值均在0.7以上，且删除某一题项后的α系数均低于

0.906。说明区域环境分量表信度良好。

表 5-7　　　　　　　区域环境信度检验结果

变量	题项	CITC	删除此题后的 α 系数	Cronbach's α
区域环境	Ac1	0.783	0.883	0.906
	Ac2	0.735	0.900	
	Ac3	0.792	0.877	
	Ac4	0.856	0.853	

对区域环境量表选择最大方差旋转并遵循特征值>1 的标准展开因子分析，研究结果（见表 5-8）如下：区域环境的 KMO 为 0.825，Bartlett's 球形度 P 值均小于 0.001，因子载荷均在 0.7 以上，累计方差贡献率为 78.379%，说明区域环境维度题项无须删减，结构效度符合统计要求。

表 5-8　　　　　区域环境因子载荷及 KMO 检验结果

变量	题项	因子载荷	KMO	Bartlett's 球形度检验		累计方差贡献率%
				卡方值	P 值	
区域环境	Ac1	0.774	0.825	961.770	0.000	78.379
	Ac2	0.718				
	Ac3	0.787				
	Ac4	0.857				

四　技术协同信度效度检验

对技术协同量表的 5 个测量题项展开一致性分析，研究结果显示（见表 5-9），技术协同的 Cronbach's α 系数为 0.864，修正后总计相关性 CITC 值均在 0.5 以上，且删除某一题项后的 α 系数均低于 0.864。说明技术协同分量表信度良好。

表 5-9　　　　　　　　技术协同信度检验结果

变量	题项	CITC	删除此题后的 α 系数	Cronbach's α
技术协同	Ba1	0.796	0.806	0.864
	Ba2	0.742	0.820	
	Ba3	0.571	0.862	
	Ba4	0.679	0.837	
	Ba5	0.638	0.847	

对技术协同量表选择最大方差旋转并遵循特征值>1 的标准展开因子分析，研究结果（见表 5-10）如下：技术协同的 KMO 为 0.841，Bartlett's 球形度 P 值均小于 0.001，因子载荷均在 0.5 以上，累计方差贡献率为 64.900%，说明技术协同维度题项无须删减，结构效度符合统计要求。

表 5-10　　　　技术协同因子载荷及 KMO 检验结果

变量	题项	因子载荷	KMO	Bartlett's 球形度检验 卡方值	Bartlett's 球形度检验 P 值	累计方差贡献率%
技术协同	Ba1	0.783	0.841	829.226	0.000	64.900
	Ba2	0.725				
	Ba3	0.504				
	Ba4	0.640				
	Ba5	0.593				

五　能力协同信度效度检验

对能力协同量表的 3 个测量题项展开一致性分析，研究结果显示（见表 5-11），能力协同的 Cronbach's α 系数为 0.843，修正后总计相关性 CITC 值均在 0.6 以上，且删除某一题项后的 α 系数均低于 0.843。说明能力协同分量表信度良好。

表 5-11　　　　　　　　能力协同信度检验结果

变量	题项	CITC	删除此题后的 α 系数	Cronbach's α
能力协同	Bb1	0.753	0.739	0.843
	Bb2	0.676	0.814	
	Bb3	0.679	0.792	

对能力协同量表选择最大方差旋转并遵循特征值>1 的标准展开因子分析，研究结果（见表 5-12）如下：能力协同的 KMO 为 0.718，Bartlett's 球形度 P 值均小于 0.001，因子载荷均在 0.7 以上，累计方差贡献率为 76.236%，说明能力协同维度题项无须删减，结构效度符合统计要求。

表 5-12　　　　　能力协同因子载荷及 KMO 检验结果

变量	题项	因子载荷	KMO	Bartlett's 球形度检验		累计方差贡献率%
				卡方值	P 值	
能力协同	Bb1	0.806	0.718	441.296	0.000	76.236
	Bb2	0.728				
	Bb3	0.753				

六　创新绩效信度效度检验

对创新绩效量表的 8 个测量题项展开一致性分析，研究结果显示（见表 5-13），创新绩效的 Cronbach's α 系数为 0.927，修正后总计相关性 CITC 值均在 0.7 以上，且删除某一题项后的 α 系数均低于 0.927。说明创新绩效分量表信度良好。

表 5-13　　　　　　　　创新绩效信度检验结果

变量	题项	CITC	删除此题后的 α 系数	Cronbach's α
创新绩效	C1	0.795	0.913	0.927
	C2	0.846	0.902	
	C3	0.789	0.914	
	C4	0.805	0.911	
	C5	0.809	0.910	

对创新绩效量表选择最大方差旋转并遵循特征值>1的标准展开因子分析,研究结果(见表5-14)如下:KMO值为0.888,Bartlett's球形度P值均小于0.001,因子载荷均在0.7以上,累计方差贡献率为77.462%,说明该维度题项无须删减,结构效度符合统计要求。

表5-14　　　　创新绩效因子载荷及KMO检验结果

变量	题项	因子载荷	KMO	Bartlett's球形度检验		累计方差贡献率%
				卡方值	P值	
创新绩效	C1	0.757	0.888	1340.076	0.000	77.462
	C2	0.821				
	C3	0.750				
	C4	0.769				
	C5	0.775				

第三节　相关性分析

本书运用皮尔逊相关性分析对人才胜任力、组织环境、区域环境、技术协同、能力协同和企业创新绩效两两之间统计关系的强弱进行初步观察,根据SPSS 26.0输出结果(见表5-15)可以看出,各变量间相关性关系均显著,为本书第三章的理论假设提供了初步支持,为保证可靠性,其中关系还有待深入具体的实证检验。

表5-15　　　　各变量间的相关性分析

	M	SD	人才胜任力	组织环境	区域环境	技术协同	能力协同	创新绩效
人才胜任力	3.782	0.836	1					
组织环境	3.779	0.817	0.426**	1				
区域环境	3.236	1.053	0.365**	0.318**	1			

续表

	M	SD	人才胜任力	组织环境	区域环境	技术协同	能力协同	创新绩效
技术协同	3.765	0.835	0.554**	0.579**	0.369**	1		
能力协同	3.742	0.980	0.548**	0.511**	0.364**	0.828**	1	
创新绩效	3.381	1.015	0.543**	0.534**	0.453**	0.620**	0.583**	1

注：** 表示显著性水平 $p<0.01$。

第四节 因子分析

一 人才生态系统因子分析

首先基于 AMOS 24.0 对人才生态系统（包含人才胜任力、组织环境、区域环境）展开验证性因子分析，输出结果如图 5-1 所示。

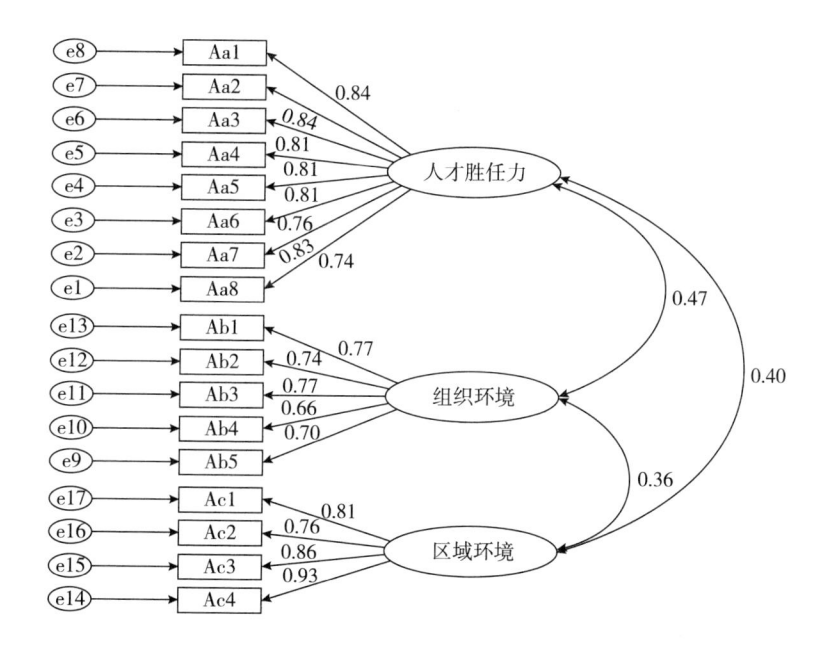

图 5-1 人才生态系统的测量模型

图 5-1 中的路径系数的显著性检验结果如表 5-16 所示，可以发现所有路径均显著。其中，人才胜任力、组织环境、区域环境的 CR 值分别为 0.936、0.849、0.908，均大于 0.8，说明该构念的维度内部一致性良好。人才胜任力、组织环境、区域环境的 AVE 分别为 0.646、0.529、0.713，均在 0.5 以上，说明聚敛效度良好，整体而言，人才生态系统这一构念预设的结构内在质量理想。

表 5-16　　　　　人才生态系统路径系数与聚敛效度

路径	标准化路径系数	p	聚敛效度	
			平均方差提取量 AVE	组合信度 CR
人才胜任力→Aa1	0.843	***	0.646	0.936
人才胜任力→Aa2	0.835	***		
人才胜任力→Aa3	0.806	***		
人才胜任力→Aa4	0.805	***		
人才胜任力→Aa5	0.811	***		
人才胜任力→Aa6	0.756	***		
人才胜任力→Aa7	0.829	***		
人才胜任力→Aa8	0.740	***		
组织环境→Ab1	0.765	***	0.529	0.849
组织环境→Ab2	0.737	***		
组织环境→Ab3	0.767	***		
组织环境→Ab4	0.660	***		
组织环境→Ab5	0.702	***		
区域环境→Ac1	0.812	***	0.713	0.908
区域环境→Ac2	0.763	***		
区域环境→Ac3	0.860	***		
区域环境→Ac4	0.934	***		

注：*** 表示显著性水平 $p<0.001$。

表 5-17 结构效度检验结果显示各项指标适配理想，综合认为，模型拟合度良好。

表 5-17　　　　　　　　　　结构效度拟合系数

	χ^2/df	RMSEA	RFI	GFI	AGFI	CFI	NFI	TLI
评价标准	<3 且 >1	<0.08	>0.9	>0.8	>0.8	>0.9	>0.9	>0.9
检验结果	1.976	0.053	0.932	0.929	0.907	0.970	0.942	0.965

由表 5-18 可知，人才胜任力、组织环境、区域环境之间均显著相关（p<0.01），另外相关性系数绝对值均小于 0.5，且均小于所对应的 AVE 的平方根，即说明人才生态系统内部的三个维度既有一定的相关性，又有一定的区分度，也就是说，人才生态系统这一构念的区分效度理想。

表 5-18　　　　　　　　　　区分效度

	人才胜任力	组织环境	区域环境
人才胜任力	0.646		
组织环境	0.226***	0.529	
区域环境	0.332***	0.273***	0.713
AVE 的平方根	0.804	0.727	0.845

注：***代表 p 值小于 0.01；对角线为 AVE 平均方差提取量。

二　协同创新因子分析

协同创新包含技术协同和能力协同两个维度。运用 AMOS 24.0 进行验证性因子分析，输出结果如图 5-2 所示。

图 5-2 中的路径系数的显著性检验结果如表 5-19 所示，可以发现所有路径均显著。其中，技术协同和能力协同的 CR 值分别为 0.856、0.845，均大于 0.8，说明协同创新构念的维度内部一致性良好。技术协同、能力协同的 AVE 值分别为 0.545、0.646，均在 0.5 以上，说明聚敛效度良好，整体而言，协同创新这一构念预设的结构内在质量理想。

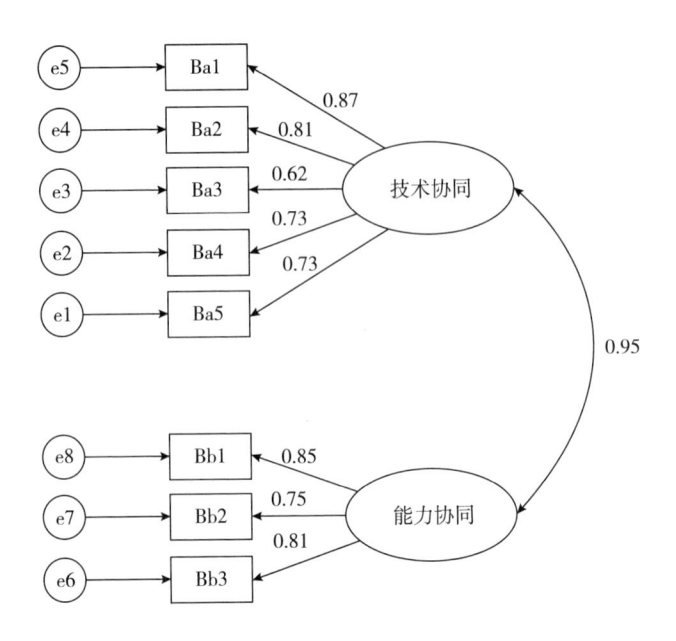

图 5-2 协同创新的测量模型

表 5-19　　　　　　　　协同创新路径系数与聚敛效度

路径	标准化路径系数	p	聚敛效度	
			平均方差提取量 AVE	组合信度 CR
技术协同→Ba1	0.818	***	0.545	0.856
技术协同→Ba2	0.748	***		
技术协同→Ba3	0.630	***		
技术协同→Ba4	0.732	***		
技术协同→Ba5	0.749	***		
能力协同→Bb1	0.843	***	0.646	0.845
能力协同→Bb2	0.748	***		
能力协同→Bb3	0.817	***		

注：***表示显著性水平 $p<0.001$。

表 5-20 结构效度检验结果各项指标适配理想，综合认为，模型拟合度良好。

表 5-20　　　　　　　　　结构效度拟合系数

	χ^2/df	RMSEA	RFI	GFI	AGFI	CFI	NFI	TLI
评价标准	<3 且>1	<0.08	>0.9	>0.8	>0.8	>0.9	>0.9	>0.9
检验结果	1.783	0.047	0.971	0.976	0.953	0.992	0.981	0.987

三　创新绩效因子分析

运用 AMOS 24.0 对创新绩效进行验证性因子分析，输出如图 5-3 所示。

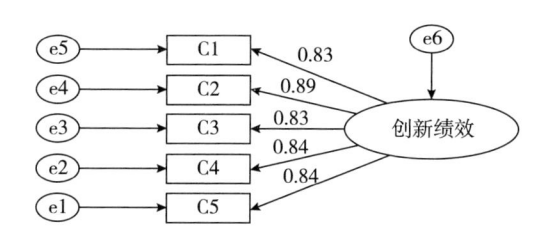

图 5-3　创新绩效的测量模型

图 5-3 中的路径系数的显著性检验结果如表 5-21 所示，可以发现所有路径均显著。其中，CR 值为 0.935>0.8，内部一致性良好。AVE 值为 0.742>0.5，聚敛效度良好，综合说明创新绩效这一构念预设的结构内在质量理想。

表 5-21　　　　　　　创新绩效路径系数与聚敛效度

路径	标准化路径系数	p	聚敛效度	
			平均方差提取量 AVE	组合信度 CR
创新绩效→C1	0.809	***	0.742	0.935
创新绩效→C2	0.914	***		
创新绩效→C3	0.853	***		
创新绩效→C4	0.810	***		
创新绩效→C5	0.802	***		

注：***表示显著性水平 $p<0.001$。

表 5-22 结构效度检验结果各项指标适配理想，综合认为，模型拟合度良好。

表 5-22　　　　　　　　结构效度拟合系数

	χ^2/df	RMSEA	RFI	GFI	AGFI	CFI	NFI	TLI
评价标准	<3且>1	<0.08	>0.9	>0.8	>0.8	>0.9	>0.9	>0.9
检验结果	4.333	0.097	0.968	0.985	0.924	0.993	0.990	0.975

第五节　结构方程模型

在保障研究所使用量表的信度和效度的基础上，结合企业社会责任与高管胜任力关系的概念模型与理论假设，首先，本书运用 AMOS 24.0 软件进行结构方程建模和分析；其次，在参考模型调整指标基础上，本书遵循模型修正和评价的基本原则，对其进行合理调试，进而根据结构方程模型拟合指标的接受标准进行科学评价；最后，通过模型分析结果来验证本书提出的高管胜任力与企业社会责任关系的所有假设。根据上文所提出的概念模型，为了科学地反映两者各层级要素间相互影响的变量间路径关系，建立了企业社会责任与高管胜任力关系的初始结构方程模型（见图 5-4）。

一　初始模型设立

本书在"人才生态系统—协同创新—创新绩效"的理论模型基础上，选择 AMOS 24.0 构建与之对应的初始结构方程模型（SEM）。其中，人才胜任力、组织环境、区域环境三个外生潜变量为人才生态系统的下属维度，表征企业人才生态系统的结构特征；同时，初始模型还包含了技术协同、能力协同和创新绩效三个内生潜变量（见图 5-4）。

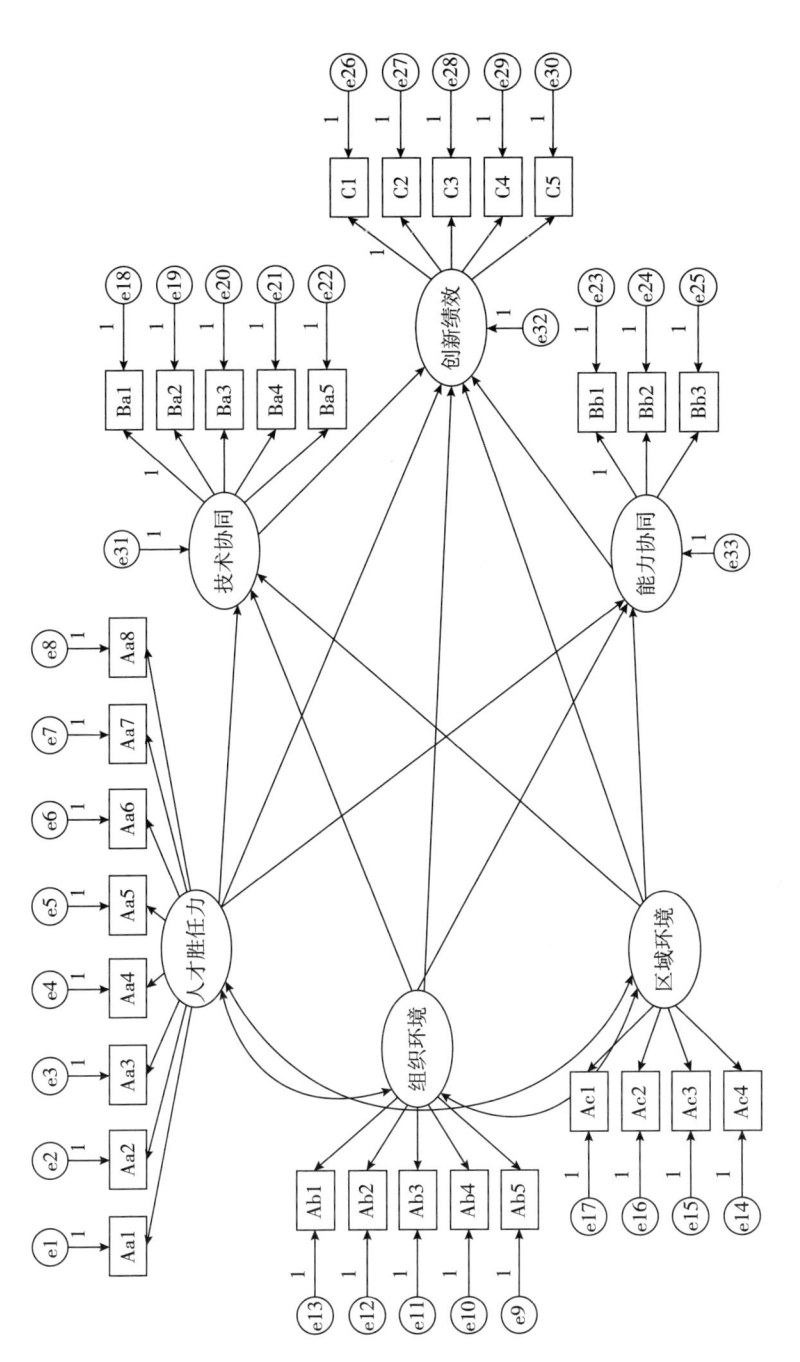

图 5-4 初始结构方程模型

二 模型拟合与修正

为了检验模型的适配度，首先对初始 SEM 模型选用极大似然估计进行 10 次迭代，最终收敛得到初始模型拟合指数，具体结果如表 5-23 所示。

表 5-23　　　　　　　　　修正前后模型拟合结果

指标名称	指标拟合标准	修正前	修正后
χ^2/df	<3 且>1	2.506	1.798
RMSEA	<0.08	0.065	0.048
GFI	>0.8	0.852	0.886
AGFI	>0.8	0.824	0.862
NFI	>0.9	0.877	0.913
CFI	>0.9	0.922	0.959
RFI	>0.9	0.863	0.902
TLI	>0.9	0.913	0.954
PNFI	>0.5	0.788	0.808
PCFI	>0.5	0.828	0.849

当模型适配指标存在不理想的情况时，可以进行相应的校正和调试。一种方法是将不适当的路径进行删除，一种是将相关性较高的残差项进行连接来改善模型的拟合度。本书使用调适残差项的方法对模型进行修正，根据 MI 值大小，以 MI>15 为修正标准，依次连接模型中 MI 值较高的残差项，增加两组误差变量间的相关性，经过校正，卡方自由度比重由 2.506 降低为 1.798，协方差的 MI 均低于 15，得到校正后的 SEM（见图 5-5）。使用 AMOS 24.0 对校正后的 SEM 进行计算，输出结果如表 5-23 所示，拟合指标均达到理想值，模型适配度得到提升。

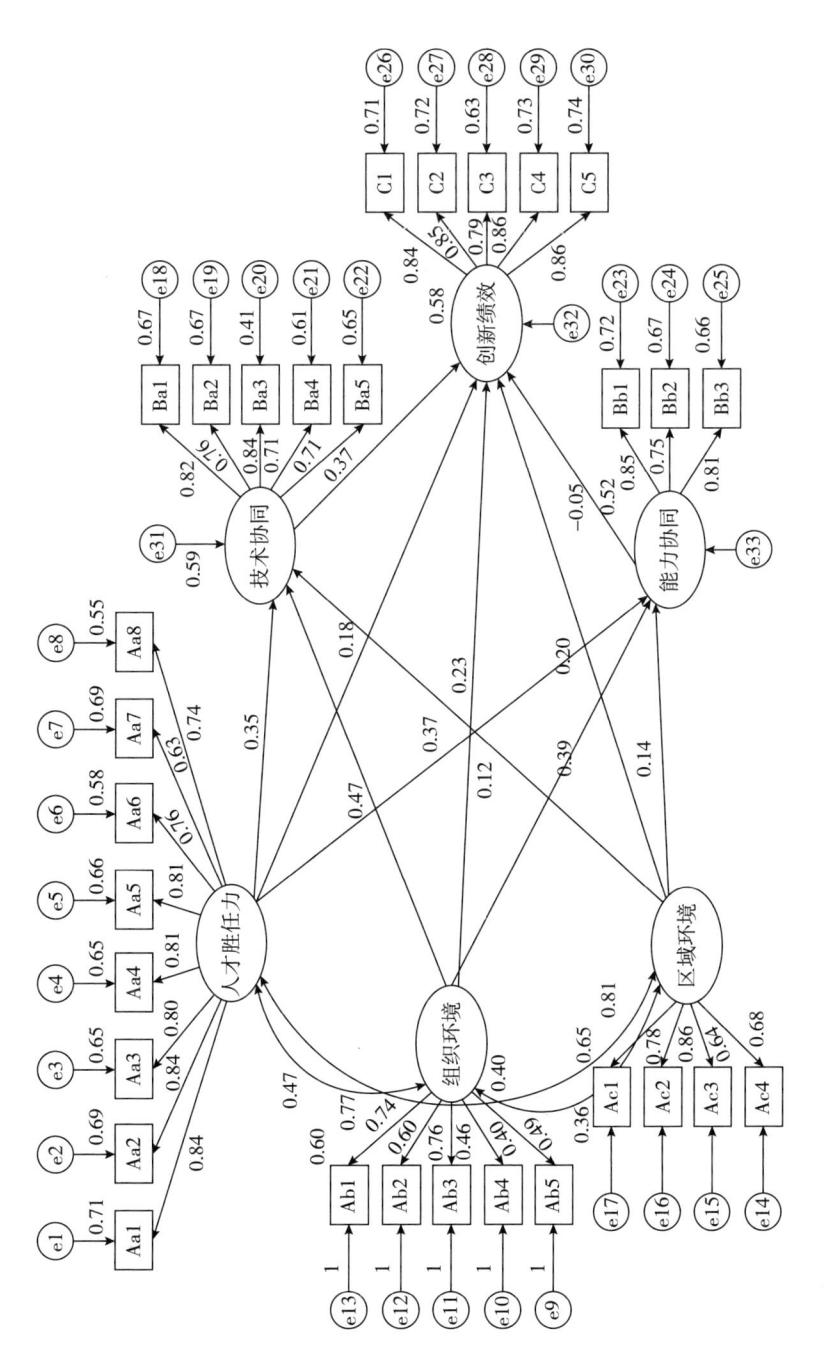

图 5-5 修正后的结构方程模型

而后基于校正后的 SEM 对题项和对应的潜变量间的路径系数进行显著性检验，结果显示（见表 5-24），所有路径系数均显著（p<0.001），总的来说，各题项对其潜变量而言均有意义。

表 5-24　　　　潜变量与测量题项的路径系数检验

路径	标准化路径系数	非标准化路径系数	标准差（S.E.）	临界比（C.R.）	p
人才胜任力→Aa1	0.841	1			
人才胜任力→Aa2	0.834	0.882	0.046	19.372	***
人才胜任力→Aa3	0.804	0.820	0.045	18.407	***
人才胜任力→Aa4	0.807	0.932	0.051	18.432	***
人才胜任力→Aa5	0.812	0.760	0.041	18.639	***
人才胜任力→Aa6	0.760	0.848	0.050	16.889	***
人才胜任力→Aa7	0.831	0.835	0.043	19.365	***
人才胜任力→Aa8	0.739	0.763	0.047	16.202	***
组织环境→Ab5	0.679	1			
组织环境→Ab4	0.656	0.859	0.078	10.950	***
组织环境→Ab3	0.762	1.393	0.110	12.676	***
组织环境→Ab2	0.740	1.433	0.116	12.370	***
组织环境→Ab1	0.774	1.042	0.082	12.747	***
区域环境→Ac4	0.936	1			
区域环境→Ac3	0.859	0.886	0.037	24.156	***
区域环境→Ac2	0.764	0.843	0.045	18.604	***
区域环境→Ac1	0.809	0.756	0.037	20.476	***
技术协同→Ba1	0.820	1			
技术协同→Ba2	0.757	0.985	0.048	20.634	***
技术协同→Ba3	0.640	0.711	0.056	12.790	***
技术协同→Ba4	0.712	0.839	0.057	14.749	***
技术协同→Ba5	0.743	0.866	0.055	15.726	***
能力协同→Bb1	0.848	1			
能力协同→Bb2	0.752	0.947	0.062	15.277	***
能力协同→Bb3	0.810	0.986	0.061	16.176	***

续表

路径	标准化路径系数	非标准化路径系数	标准差（S.E.）	临界比（C.R.）	p
创新绩效→C1	0.843	1			
创新绩效→C2	0.851	1.001	0.051	19.818	***
创新绩效→C3	0.794	0.883	0.050	17.652	***
创新绩效→C4	0.857	0.901	0.045	19.870	***
创新绩效→C5	0.858	1.020	0.051	20.073	***

注：*** 表示显著性水平 $p<0.001$。

第六节 假设检验

本节通过构建人才生态系统、协同创新、创新绩效三者关系的结构方程模型并展开关于前文理论假设的验证分析。这一验证过程可归结为两部分：第一，检验人才生态系统、协同创新与企业创新绩效的直接效应；第二，检验协同创新在人才生态系统与企业创新绩效之间的传导效应。

一 人才生态系统、协同创新与企业创新绩效的直接效应检验

本书的结构模型分析结果如表 5-25 所示：人才胜任力对创新绩效有显著的影响（$\beta=0.180$，$p<0.05$），假设 Ha1 成立。组织环境对创新绩效有显著的影响（$\beta=0.231$，$p<0.001$），假设 Ha2 成立。区域环境对创新绩效有显著的影响（$\beta=0.196$，$p<0.001$），假设 Ha3 成立。人才胜任力对技术协同有显著的影响（$\beta=0.354$，$p<0.001$），假设 Hb1 成立。人才胜任力对能力协同有显著的影响（$\beta=0.366$，$p<0.001$），假设 Hb2 成立。组织环境对技术协同有显著的影响（$\beta=0.465$，$p<0.001$），假设 Hb3 成立。组织环境对能力协同有显著的影响（$\beta=0.388$，$p<0.001$），假设 Hb4 成立。区域环境对技术协同有显著的影响（$\beta=0.122$，$p<0.05$），假设 Hb5 成立。区域环境对能力协同有显著的影响（$\beta=0.136$，$p<0.05$），假设 Hb6 成立。技术协同

对创新绩效有显著的影响（β=0.374，p<0.001），假设 Hc1 成立。能力协同对创新绩效的直接效应不显著（β=-0.047，P>0.05），拒绝假设 Hc2。

表 5-25　结构方程模型路径系数与假设检验结果

路径	标准化路径系数	非标准化路径系数	标准差（S.E.）	临界比（C.R.）	p	检验结果
人才胜任力→技术协同	0.354	0.323	0.052	6.222	***	支持
人才胜任力→能力协同	0.366	0.356	0.057	6.279	***	支持
组织环境→技术协同	0.465	0.613	0.083	7.344	***	支持
组织环境→能力协同	0.388	0.545	0.089	6.135	***	支持
区域环境→技术协同	0.122	0.092	0.038	2.403	0.016	支持
区域环境→能力协同	0.136	0.109	0.042	2.578	0.010	支持
人才胜任力→创新绩效	0.180	0.191	0.061	3.147	0.002	支持
组织环境→创新绩效	0.231	0.355	0.101	3.500	***	支持
区域环境→创新绩效	0.196	0.172	0.042	4.078	***	支持
技术协同→创新绩效	0.374	0.437	0.093	4.711	***	支持
能力协同→创新绩效	-0.047	-0.051	0.058	-0.881	0.378	不支持

注：＊＊＊表示显著性水平 p<0.001。

二　协同创新的中介效应检验

所谓中介变量，是指如果自变量 X 对因变量 Y 的作用是通过变量 M 来实现的，那么，M 则被称为中介变量（mediate variable）。如图 5-6 所示，a 图表示自变量 X 与因变量 Y 之间不存在中介变量的情况，b 图及 c 图分别表示存在一个中介变量及两个中介变量的情况。而中介变量所起的作用就称为中介效应（mediator effect），也就是说，如果一个模型中存在中介变量时，该模型就有中介效应存在。一般来讲，中介效应可以分为完全中介效应（Judd 和 Kenny，1981）与部分中介效应（Baron 和 Kenny，1986），后者通常被简称为中介效应。

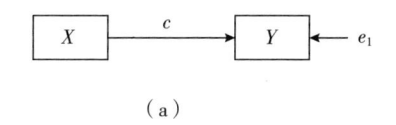

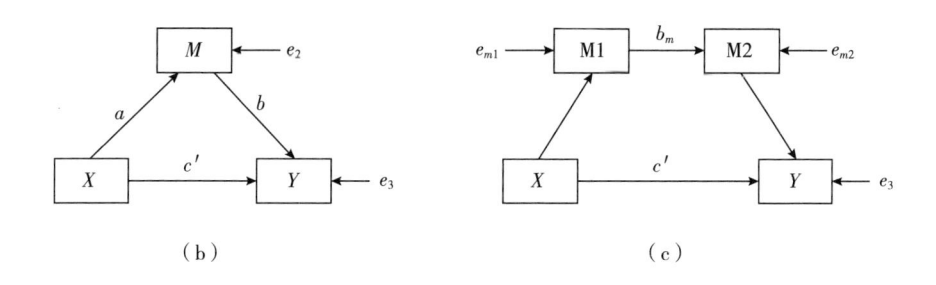

图 5-6 中介效应示意

这里需要强调的是,在结构方程分析中还存在直接效应(direct effect)与间接效应(indire cteffect)的概念。间接效应与中介效应的区别在于:即使自变量与因变量的相关系数为零,两者也仍然可能存在间接效应,而中介效应产生的前提是自变量与因变量相关显著。也就是说,中介效应只是针对在特定中介变量的基础上而言的,对于研究模型中变量的影响机理会更有针对性。而间接效应是指通过一个或多个中介变量、自变量对结果产生的影响。对于递归模型而言,间接效应是指通过一个或多个中介变量,一切从自变量开始,并结束于因变量的"箭头链"影响效应总和;对于非递归模型,则更为复杂。同时,间接效应中还有可能产生"未分解效应"以及"虚假效应"。

温忠麟等(2004)总结了三种可以分析模型中的中介效应的方法,并提出了一个科学的分析步骤,即包含依次检验与 Sobel 检验的中介效应分析(见图 5-7)。

以下是中介效应检验程序的具体描述:

第一步,检验回归系数 c [见图 5-6 中(a)图],如果 c 不显著,表示自变量 X 与因变量 Y 之间不存在显著相关关系,可以终止对中介效应的分析;如果 c 显著,则转入第二步。

第二步,进行部分中介效应检验(Baron & Kenny),即分别对系

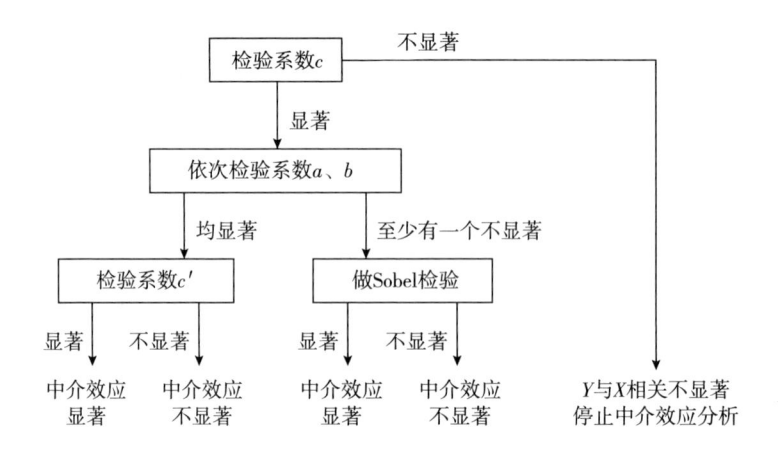

```
                    ┌─────────┐  不显著
                    │ 检验系数c ├──────────────┐
                    └────┬────┘               │
                      显著│                    │
                    ┌────▼──────┐              │
                    │依次检验系数a、b│          │
                    └──┬─────┬──┘              │
                  均显著│     │至少有一个不显著   │
                  ┌────▼┐  ┌─▼──────┐          │
                  │检验系数c'│ │做Sobel检验│     │
                  └┬────┬┘  └─┬────┬─┘         │
                显著│  │不显著 显著│   │不显著    │
                   ▼  ▼       ▼   ▼          ▼
                 中介效应 中介效应 中介效应 中介效应 Y与X相关不显著
                  显著   不显著   显著   不显著  停止中介效应分析
```

图 5-7 中介效益检验程序

数 a 与系数 b 进行检验，如果两者都显著，则转入第三步，否则转入第四步。

第三步，进行完全中介效应检验（Judd & Kenny），即在控制中介变量 M 的基础上，检验系数 c'，若其不显著，则表明存在完全中介效应，否则存在（部分）中介效应。

第四步，进行 Sobel 检验，即如果系数 a 与系数 b 中任何一个不显著时，就需要做 Sobel 检验。Sobel 根据一阶 Taylor 展式得到近似公式 $S_{ab}=\sqrt{\hat{a}^2 S_b^2 + \hat{b}^2 S_a^2}$，其中 S_a、S_b 分别是 $\hat{a}$、$\hat{b}$ 的标准误，检验统计量是 $z=a\hat{b}/S_{ab}$，如果显著，① 则存在显著的中介效应，反之，不存在显著的中介效应。

第五步，检验结束。在以上的检验过程中，如果出现系数 a 与系数 b 中至少一个存在不显著的情况，为了在统计上防止出现"第二类错误"，例如，当 a 很小，即不显著，而 b 很大，即显著时，a 和 b 很有可能存在显著的中介效应，就需要进行 Sobel 检验，其目的是避免发生这种情况。此外，还需注意，当只有一个中介变量的情况下，上述中介效应的分析步骤才是适用的，也就是说，如果存在两个以上

---

① 在 Mackinnon 等的临界值表中，显著水平 0.05 对应的临界值是 0.97，z>0.97 则显著。

的中介变量[见图5-6中(c)图],就不再适用以上描述的Sobel检验。

中介传导效应可以揭示人才生态系统对于创新绩效的影响机制,根据研究目标,本书以企业创新绩效为因变量,人才生态系统(人才胜任力、组织环境、区域环境)为自变量,考察协同创新(技术协同、能力协同)在两者之间的中介效应。基于此,本书运用AMOS构建出人才生态系统与协同创新以及创新绩效的中介效应模型,采用AMOS中的Bootstrap检验法揭示协同创新在人才生态系统与创新绩效间的中介效应,其中,将抽样次数设定为2000,抽样方式有放回的重复抽样,使用偏差校正法(Bias-corrected Bootstrap)进行估计(95%置信区间),当0在区间范围时,中介效应显著,反之则不显著。

该检验过程可归结为三个步骤:首先检验总效应,若不存在则直接结束;第二步检查间接效应,若存在则认为存在中介效应;最后对直接效应进行检验,如果直接效应小于总效应,但直接效应显著,即代表存在部分中介,若不显著,则是完全中介。利用Bootstrap法对协同创新进行检验,结论如表5-26所示。

表5-26 协同创新中介效应检验结果

	Estimate	S. E.	Bias-correvted Bootstrap		效应	检验结果
			95%CI下限	95%CI上限		
人才胜任力→协同创新→创新绩效	0.123	0.039	0.056	0.214	间接效应	部分中介
	0.191	0.063	0.065	0.307	直接效应	
	0.314	0.057	0.204	0.431	总效应	
组织环境→协同创新→创新绩效	0.240	0.062	0.134	0.385	间接效应	部分中介
	0.355	0.124	0.138	0.625	直接效应	
	0.595	0.106	0.419	0.838	总效应	
区域环境→协同创新→创新绩效	0.035	0.019	0.004	0.081	间接效应	部分中介
	0.172	0.046	0.084	0.264	直接效应	
	0.206	0.045	0.117	0.294	总效应	

表5-26数据表明,协同创新在人才胜任力与创新绩效之间的间

接效应估计值为 0.123，并且 0 不在 [0.056, 0.214] 上下限区间，间接效应显著，中介效应存在。下一步检验直接效应与总效应是否显著可判断部分中介或完全中介，直接效应估计值 0.191<总效应估计值 0.314，并且 0 均不在直接效应 [0.065, 0.307] 的上下限区间和总效应 [0.204, 0.431] 上下限区间，故总效应和直接效应都显著，因此是部分中介。

协同创新在组织环境与创新绩效之间的间接效应估计值为 0.240，并且 0 不在 [0.134, 0.385] 上下限区间，间接效应显著，中介效应存在。下一步检验直接效应与总效应是否显著可判断部分中介或完全中介，直接效应估计值 0.355<总效应估计值 0.595，并且 0 均不在直接效应 [0.138, 0.625] 的上下限区间和总效应 [0.419, 0.838] 上下限区间，故总效应和直接效应都显著，因此是部分中介。

协同创新在区域环境与创新绩效之间的间接效应估计值为 0.035，并且 0 不在 [0.004, 0.081] 上下限区间，间接效应显著，中介效应存在。下一步检验直接效应与总效应是否显著可判断部分中介或完全中介，直接效应估计值 0.172<总效应估计值 0.206，并且 0 均不在直接效应 [0.084, 0.264] 的上下限区间和总效应 [0.117, 0.294] 上下限区间，故总效应和直接效应都显著，因此是部分中介。

综上分析，假设 Hd 成立，协同创新在人才生态系统与创新绩效的作用路径中起部分中介作用。

第七节 案例剖析

一 华为技术有限公司

1. 公司简介[①]

华为技术有限公司，成立于 1987 年，总部位于中国广东省深圳市龙岗区，是全球领先的 ICT（信息与通信）基础设施和智能终端提供

---

① 参见华为官网 https：//www.huawei.com/cn/corporate-information。

商。华为的产品主要涉及通信网络中的交换网络、传输网络、无线及有线固定接入网络和数据通信网络及无线终端产品，为运营商客户、企业客户和消费者提供有竞争力的 ICT 解决方案、产品和服务，并致力于实现未来信息社会、构建更美好的全连接世界。目前华为约有 19.5 万员工，业务遍及 170 多个国家和地区，服务全球 30 多亿人口。

华为致力于把数字世界带入每个人、每个家庭、每个组织，构建万物互联的智能世界：让无处不在的连接，成为人人平等的权利，成为智能世界的前提和基础；为世界提供多样性算力，让云无处不在，让智能无所不及；所有的行业和组织，因强大的数字平台而变得敏捷、高效、生机勃勃；通过 AI 重新定义体验，让消费者在家居、出行、办公、影音娱乐、运动健康等全场景获得极致的个性化智慧体验。

过去 30 多年，华为抓住中国改革开放和 ICT 行业高速发展带来的历史机遇，坚持以客户为中心，以奋斗者为本，基于客户需求持续创新，赢得了客户的尊重和信赖，从一家立足于中国深圳特区，初始资本只有 21000 元人民币的民营企业，稳健成长为年销售规模超过 6368 亿元人民币的世界 500 强公司。如今，作为全球最大的电信设备供应商，华为一直以"聚焦客户关注的挑战和压力，提供有竞争力的通信解决方案和服务，持续为客户创造最大价值"为使命，为客户创造长期的价值和潜在的增长，在社会的信息化过程中，充分挖掘 ICT 技术的潜力，为经济社会的发展提供重要支撑。

2021 年，华为公司位列中国民营企业 500 强第一名，中国企业 500 强发明专利数第一名，《亚洲品牌 500 强》排行榜第 10 位。2022 年 8 月 3 日，《财富》公布世界 500 强榜（企业名单），华为排在第 96 位。

2. 华为公司人才胜任力分析

关于员工的岗位胜任力，在《华为基本法》里有这样的要求："每个员工通过努力工作，以及在工作中增长才干，都可能获得职务或任职资格的晋升。与此相对应，保留职务上的公平竞争机制，坚决推行能上能下的干部制度。"在华为公司内部，无论是对于新入职员工还是在职员工，无论是普通员工还是管理层，都会有对应的培训，促使其能力能够胜任岗位。

华为培训部配备有由各领域专家领衔的讲师队伍，同时储备有面向实际应用场景的教学内容，包括一千余线下培训项目、一万余线上课程，助力职业生涯各个阶段的成长与发展。例如，对于新员工，华为公司准备了分阶段培养项目，针对不同职类、不同部门采取定制化培养内容，通过多种教学方式结合，将工作中会面临的业务场景、产品知识、专业技能等难题各个攻破。另外，还配备有经验丰富、聪明能干的大咖导师，通过长达半年的悉心辅导，帮助新员工快速融入环境；而对于老员工，针对在工作中累积的问题或者突发状况，培训部也会集中精力基于业务痛点开发课程，并选拔真正具备丰富一线作战经验的教师组织短期授课，组织业务骨干集中分享探讨，进行短期培训。并要求员工将培训内容在后续项目中积极投入实践，确保能将培训内容学以致用，并在实践中及时总结，提升学习发展效率。

华为公司鼓励内部员工流动，所有岗位面向全部内部成员开放，只要符合自由流动条件，即可通过内部人才市场进行流动。目前，每年会有7000名以上的员工成功转岗，其中50%以上流向公司全球各地的新领域岗位，如5G、新能源汽车等。对于能力不能胜任岗位要求的员工，如经过培训或调岗仍无法胜任，公司也会采取末位淘汰制，保持员工队伍整体的能力匹配。

华为坚持以客户为中心、以奋斗者为本，持续优化公司治理架构、组织、流程和考核机制，使公司长期保持有效增长。以客户为中心，并不是说要对客户低声下气、点头哈腰，而是要重视客户的需求和体验，并提供最好的服务。任正非说："我们要建立一种规则，这种规则是有利于所有人发展的，而不是利己的。如果我们建立一个狭隘的利己规则，迟早是要灭亡的。我们还要建立一个规则，这个规则能够让大家共赢发展。"华为认为，这种在"利他"的心态驱动下，重视客户需求，是企业经营的核心。而用户永远会有新的需求产生，对于目前方案的负面评价也不一定会完全表达出来，因此要求企业敏锐地觉察到用户的真正需求，并且持续更新优化服务，不断追求创新，不断追求对于用户需求的满足，以此获得持续发展的机会。

在企业内部，为了真正解决客户需求的多样化和多变性，就要各部门、各岗位员工之间乐于分享，拥抱变化。在华为内部，参考通用电气的管理方法，在研发体系全面推广了 Work-Out 计划，每次耗时大约 3 个小时，全程分为两段：前半段是员工之间分享知识和经验，工作中好的方法要推广、要坚持，没落实好的要落实，不好的方法要变革；后半段员工和部门主管一起，在轻松的环境下交流看法，运用集体智慧共同解决问题，并且要求对于至少八成的问题要当场给出解决方案，剩下的问题也要约定答复时间。HR 专业人员全程引导，还会记录每一项明确的结论，在下一次 Work-Out 会议中提出来，由员工集体讨论确认结果。由此不断迭代，不断改进。

华为的 Work-Out 会议，一方面为团队成员提供了一个在轻松环境下交流工作看法的平台，大家能畅所欲言，对激活员工起到正向作用；另一方面，也为部门主管提供了与员工交流沟通的机会，把主管平时要求的工作方法拿出来讨论，既起到答疑解惑的作用，又有助于工作推动，指出哪些是需要坚持和落实的工作方法，对激活主管也起到正向作用。

2012 年 7 月 21 日，深圳光明区政府、深圳湾实验室与华为技术有限公司联合签署两项战略合作协议。基于协议，各方将携手，推进技术优势与产业链优势相结合，通过联合创新和技术落地，更好地服务于深圳市科技产业发展、共同提升大湾区科技产业链的综合竞争力。同时，光明区政府与华为产业联合创新基地也正式揭牌。未来，在联合创新基地的建设中，光明科学城与华为还计划成立智能制造及生命科学创新中心、F5G 创新中心、综合智慧能源创新中心和数字化转型人才培养中心，加速生命科学、人工智能、新能源等领域的源头创新。同时，结合深圳市鹏城智能体的整体规划，光明区将与华为一道，大力推进"光明城区智能体"建设，在顶层设计、建设和运营领域持续投入，全面提升市民、企业、城市管理者的体验，为高素质人才提供高品质的工作生活环境，打造具有全光连接、绿色低碳、具备自我演进能力的城区智能体先行示范区。

深圳湾实验室则会牵手华为，服务光明区及深圳市的生命科学、药物、分子影像等相关产业发展。双方将整合各自优势资源，重点围绕 BT+IT 融合相关领域、生物医药领域、分子影像及大脑神经退行性疾病领域科学研究、知识产权与成果转移转化等方面开展深入合作，共同解决行业所面临的关键技术瓶颈与难题。合作形式主要包括：联合举办学术交流会、联合推进科研项目合作、共同促进创新成果转化、联合打造高质量智慧化实验室与智慧化园区等。此外，深圳湾实验室还重点推介了与华为公司的合作成果——MindSpore 分子模拟库（SPONGE）。该软件具有高性能、模块化等特性，易于领域研发人员进行理论和算法的快速实现，推动人工智能与分子模拟的融合。

3. 华为公司协同创新管理

自 20 世纪 90 年代以来，华为坚持每年将 10% 以上的销售收入投入研究与开发，二十多年来，无论公司经营遇到何种困境，不曾间断，而且越是在困难的时候，越重视对未来的投入。2021 年，研发费用支出为 1427 亿元人民币，约占当年收入的 22.4%，研发费用额和费用占比均处于近十年来的最高位。华为公司近十年累计投入的研发费用超过 8450 亿元人民币。截至 2021 年 12 月，华为研发投入在全球企业中位居第二。[①]

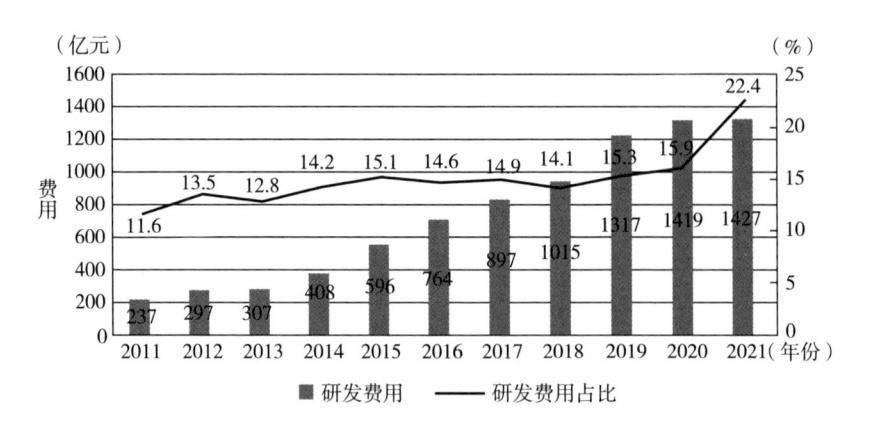

图 5-8 华为公司研发投入情况

资料来源：笔者根据华为年度报告整理制图。

[①] 参见华为官方年度报告。

研发工作的核心是人,华为公司同样也非常重视人才的储备,尤其是科研人才的储备。2021年,从事研究与开发的人员约10.7万名,约占公司总人数的54.8%。

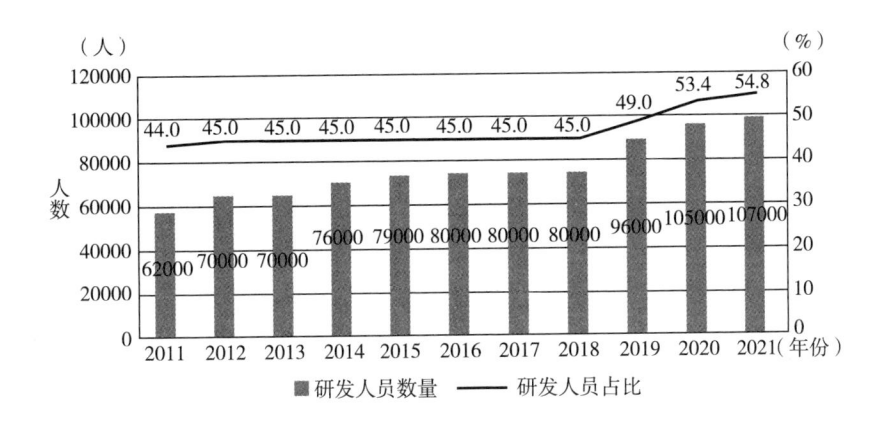

图 5-9　华为公司研发人员情况

资料来源:作者根据华为年度报告整理制图。

华为公司建立了86个基础技术实验室,扎根基础研究,建立相关的核心技术体系;提出了AI时代可信计算的新架构模型,实现多语言、跨平台运行,实现数据处理量提升3个数量级;华为与合作伙伴一起共同促进欧拉和鸿蒙开源生态的繁荣,共同打造覆盖未来计算场景的开源操作系统,促进算力和数据流通,早日实现算力普惠,让算力像电力一样非常方便地按需而用。

同时,华为公司持续开放合作,积极融入全球学术组织,加强与全球高校、科研机构开展合作。通过与科学家碰撞、分享难题与知识,共同应对世界级的挑战和难题,促进了科技进步。过去几年,华为公司在北京、上海、深圳等地建立了"黄大年茶思屋"和"九章院",希望通过提供宽松、宁静的创新环境,让科学家们心无旁骛、潜心研究,真正面向未来、开创未来,为人类社会发展做贡献。

为了更好地留住和吸引优秀人才,激励员工更好地工作,提高劳动价值,华为公司通过工会实行员工持股计划,按照员工的贡献程度、岗位价值、工作能力、岗位认同情况进行评估，分配相应量的虚拟股。截至 2021 年年底，员工持股计划参与人数为 131507 人，参与人均为公司在职员工或退休保留人员。华为创始人任正非仅持股 0.84%，其余均为员工集体持股。

员工持股计划将公司的长远发展和员工的个人贡献及发展有机地结合在一起，形成了长远的共同奋斗、分享机制。员工为获得更高的收益而积极参与企业科技创新项目，从事工作的积极性被充分激发，提升了华为公司的科技创新能力。而员工持股的高收益，在吸引了外部优秀技术人才的同时，也增大了在职员工的黏性，减少了离职。

4. 华为公司创新绩效①

华为公司是全球最大的专利权人之一。截至 2021 年年底，华为在全球共持有有效授权专利 4.5 万余族（超过 11 万件）。90% 以上专利为发明专利。华为在中国国家知识产权局和欧洲专利局 2021 年度专利授权量均排名第一，在美国专利商标局 2021 年度专利授权量位居第五。同时，华为所持有的专利价值得到行业充分认可。在第三方专业机构发布的专业全景报告中，华为在 5G、Wi-Fi6、H.266 等多个主流标准领域居于行业领先地位。目前，获得华为知识产权许可的厂商已经从传统通信行业扩展到智能汽车、智能家居、物联网等新兴行业。

华为与全球运营商、合作伙伴一起，打造极简、绿色、智能的 ICT 基础设施。在 13 个国家的测试中，华为承建的 5G 网络用户体验均为最佳。华为公司还推进了超过 3000 个 5G 行业应用，支持 100 多个国家的运营商部署绿色站点。同时，华为的产品竞争力获得了行业认可，在 2022 世界移动通信大会上，华为承建的多个项目获得"最佳互联经济移动创新奖""最佳互联人类移动创新奖""最佳气候行动移动创新奖""5G 产业合作伙伴奖"等重量级奖项；华为位列 BrandFinance"2022 年全球品牌价值 500 强"第 9 位，也表明华为公司在软实力上处于领先水平。

华为始终以客户为中心，持续创新，保障全球运营商网络的稳定

---

① 参见华为官网-创新与知识产权：https://www.huawei.com/cn/ipr。

运行，助力运营商拓展商业新边界，实现商业新增长。截至 2021 年年底，全球 200 多家运营商部署了 5G 商用网络，5G 用户数超过 7 亿户，全球商用上市终端超过 1200 款。华为全体员工克服挑战，不断努力，实现营业利润额不断提升。

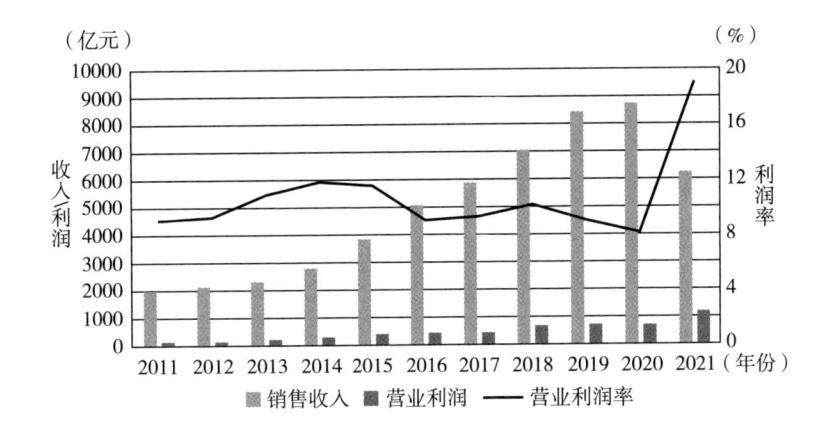

图 5-10　华为公司营收情况

资料来源：作者根据华为年度报告整理制图。

华为围绕清洁发电、能源数字化、交通电动化、绿色 ICT 能源基础设施、综合智慧能源等持续创新，携手全球客户、合作伙伴共建低碳社会。累计助力客户实现绿色发电 4829 亿度，节约用电约 142 亿度，减少二氧化碳排放近 2.3 亿吨。

5. 评述

近年来，华为公司通过高标准的校园招聘及社会招聘，以及公司内部持续的实战型培训，吸纳并培养了大量人才，提升了内部员工人才胜任力。而华为公司鼓励创新、善于分享、不设边界的企业文化氛围，不仅让这些员工更有工作积极性，同时也提供了创新的土壤和平台。

自从 1998 年审议通过了《华为基本法》，华为公司坚持"发展拥有自主知识产权的世界领先的电子和信息技术支撑体系"的目标，坚持每年投入营业额的 10% 以上进行研究开发，在科研技术领域取得了一系列骄人的成果，不断为用户、为全社会创造价值。通过案例可以看出，华为公司非常重视科技创新，通过企业内部人才生态系统的建设，激发员工创新活力，并不断进行正向激励，使得企业创新绩效不断提升，企业得以持续健康发展。

面对内外部环境的变化，华为公司坚持公司文化和核心价值观不动摇；基于业务敏捷汇聚资源；支撑多业务组织与机制建设；有序推进组织与人才的各项变革、提升组织能力和组织效率。无论是否在艰难环境下，员工永远充满信心，组织始终充满活力。

二　中兴通讯股份有限公司

1. 公司简介①

中兴通讯股份有限公司，成立于1985年，在香港和深圳两地上市。是全球领先的综合通信解决方案提供商，是中国的通信设备上市公司。中兴通讯为全球160多个国家和地区的顶级运营商（如中国移动ChinaMobile、美国沃达丰Vodafone、德国电信Telekom、西班牙电信Telefónica等）提供创新技术与产品解决方案，通过全系列的无线、有线、业务、终端产品和专业通信服务，满足全球不同运营商的差异化需求。

中兴通讯坚持以持续技术创新为客户不断创造价值，在全国设立了11家研发机构，同时进一步强化自主创新力度，保持在5G无线、核心网、承载、接入、芯片等核心领域的研发投入，研发投入连续多年保持在营业收入10%以上。截至2021年年底，中兴通讯拥有全球专利申请量8.4余万件，已授权专利超过4.2万件，累计获得中国专利奖10项金奖。同时，中兴通讯是全球5G技术研究和标准制定的主要参与者和贡献者。

2. 中兴通讯人才生态系统分析

2002年3月，深圳市举行"中兴通讯—高校战略合作发展委员会"成立大会，由此进一步深入进行产、学、研联合模式的探讨。近些年来，中兴通讯致力于同高校合作开展专业共建，向高校输出中兴

---

① 参见中兴官网 https://www.zte.com.cn/china。

通讯学院的企业培训资源，实现在校园里的企业化训练过程。员工入职前，按照公司校园招聘基本要求，通过测评和卓越工程师计划等培养项目，选拔优秀学员进入预选人才库。入职之后，中兴通讯还为每个新员工配备导师，帮助员工适应和熟悉工作环境，更好、更快地提升个人能力，有效助力员工在中兴通讯的职业发展。同时，通过公司、体系、部门三个层级的培养体系，使员工在共性知识和专业技能方面均有长足进步。

对于在岗员工，通过定期职业力测评，找到胜任力差距，制订基于员工通用能力模型的职业素养培训计划，通过内部在线学习平台"中兴e学"为员工提供在线学习服务。中兴通讯公司重视员工职业发展，为员工提供了广阔的职业发展空间。目前公司设计了矩阵式发展体系，包含研发、营销、供应链、项目管理、运营支撑等七大岗位类别，在此基础上为员工设计了管理、专业、项目三条职业发展跑道。员工从自身意愿、个人能力出发，可以选择某一通道进行纵向专业发展，成为某一领域专家；也可以通过岗位调整、内部调动或轮岗等方式，横向拓展职业领域。

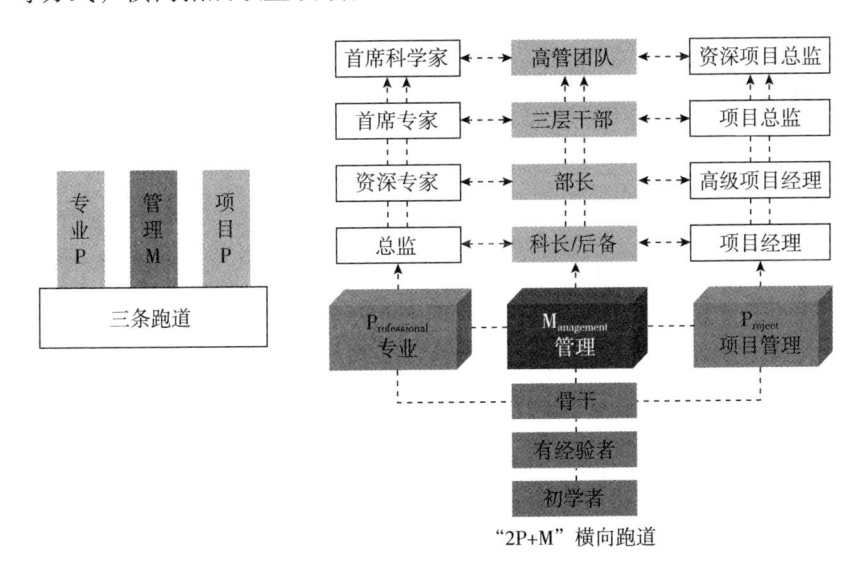

图 5-11　中兴通讯员工职业发展跑道

资料来源：中兴官网 https://job.zte.com.cn/cn/into-zte/career-development。

中兴通讯公司重视科技自立自强，持续投入大量资金进行专利及产品研发。每年会将营收的10%以上投入到产品研发中，并且呈逐年上升趋势，即使在经济危机以及美国政府管制的影响下，也从未中断。2011年以来，企业的研发投入累计超过1200亿元。根据中兴通讯2021年年报，2021年全年研发成本为188.04亿元人民币，占全年总营收的16.4%。研发人员数量33422人，占员工总人数的46%，在瑞典、美国、法国及中国的北京、上海、深圳等地建立了20个研发机构。

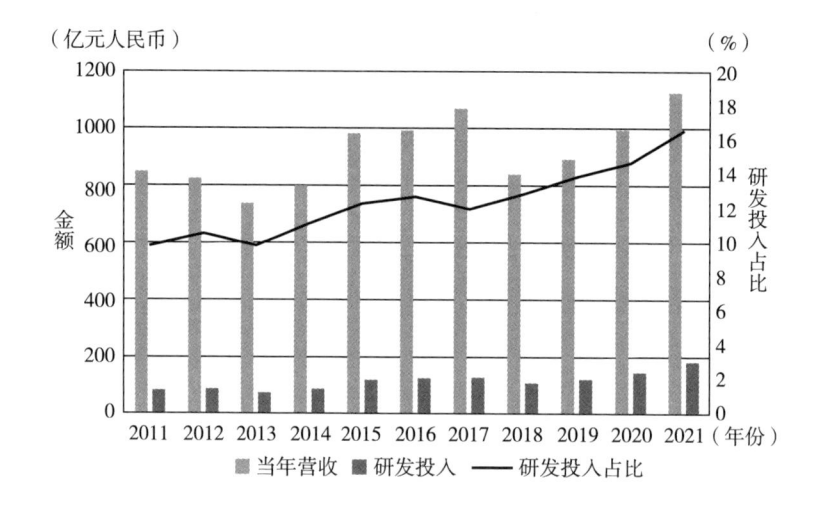

图5-12 中兴通讯研发投入与当年营收对比

资料来源：作者根据中兴年度报告整理制图。

中兴通讯为了激发企业活力，吸引并储备技术人才，2006—2020年开展了四次股权激励方案。四次股权激励对象均为董事、高管及核心骨干人员，其中核心骨干人员以研发人员为主。2020年的第四次股权激励方案覆盖人数达到6123人，占总人数比重为8.31%，其中核心骨干6113人。在经历了2018年美国商务部出口管制之后，中兴通讯对于自主知识产权创新需求更为紧迫，吸纳并维持优秀的研发人员也尤为重要。毫无疑问，股权激励在这方面起了较为重要的作用。这些数据都体现出中兴通讯在研发活动的展开以及技术创新方面所做出的坚持不懈的努力。

中兴通讯公司总部位于广东省深圳市南山区，深圳市作为我国设立的第一个经济特区，改革开放的窗口，同时也是我国科技创新的楷模，截至2021年年末，深圳全市各类专业技术人员216.63万人，比上年增长9.4%，其中具有中级技术职称以上的专业技术人员61.70万人，增长7.1%。年末全市各级创新载体3070个，其中，国家级重点实验室、工程实验室、工程中心、企业技术中心、科技企业孵化器等创新载体129个，省级创新载体1292个，市级创新载体1649个。深圳市90%的技术研发资金、90%的技术研发人才、90%的专利均来自企业，可见深圳企业是深圳创新的主力军。

另外，深圳市政府也制定并实施了大量科技创新政策，来提高企业研发能力，促进区域经济增长。深圳市政府科技政策项目主要由三个部门负责：深圳市科技创新委员会、深圳市发展和改革委员会、深圳市工业和信息化局。政策包含企业运营的各个环节，包括基础设置场地租赁、高科技企业税收抵扣、政府资助创新资金、政府贴息资助、提供科技保险、鼓励科技资源共享、提供科技中介服务、提供科研成果转化平台、政府采购企业产品等多个方面。

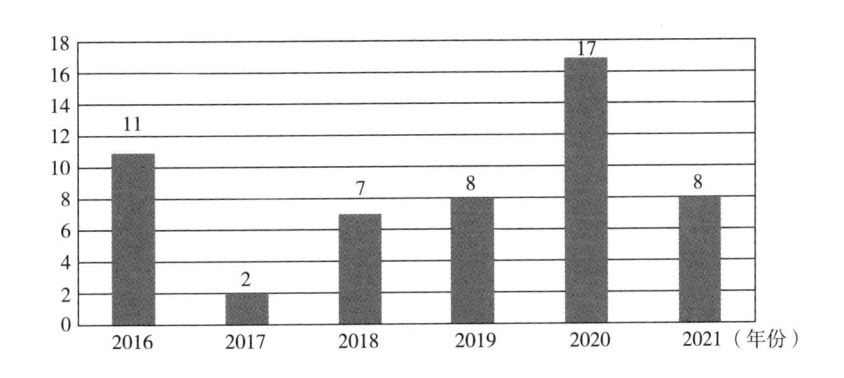

图 5-13　深圳市科技创新委员会历年出台政策数

资料来源：深圳市科技创新委员会官网 http://stic.sz.gov.cn。

深圳市土地资源较为稀缺，基础设施建设成本高昂。政府投资建设科研基础设施，鼓励大型科学仪器共享，有力地减少了企业科研成本，保障企业基本需求。让企业能够把更多的资金投入到新科技的研发上。另外，政府资助创新资金、高科技企业税款优惠、提供科技保险等手段，也能够激发企业科研创新的积极性，免除企业对于科研投入成本高、获益不稳定的后顾之忧。

其次，深圳市政府为企业、高校等提供科技中介服务，建设产学研结合的科研平台，确保绝大多数科研项目都是在充分调研、考虑市场需求的前提下开展，这样的研发模式大大地提高了科研成果转化率，避免科研成本投入的浪费。

再次，深圳市政府大力推进共享创新资源政策。《深圳经济特区科技创新促进条例》提出："合理利用境内外科技资源，促进科技交流与合作。加强与香港特别行政区的科技合作，促进两地创新人才、设备、项目信息资源的交流，建立科技资源共享机制。"2018年深圳市颁发《深圳市海外创新中心认定与评价办法》，鼓励深圳市注册登记的法人单位在海外建设运营科技服务平台，充分发掘和利用海外资源。促进技术扩散、加强合作交流、降低创新成本、缓解资源稀缺问题。通过这些政策的施行，推动了企业间技术交流与合作，有利于技术扩散，减少企业创新成本。

3. 中兴通讯协同创新管理

中兴通讯前任总裁赵先明在上任第一天就告诫全体员工："技术创新不是可有可无，不是锦上添花，而是事关生死。过去三十多年，中兴公司取得跨越式发展，主要是依赖技术创新实现的。"早在2011年，中兴通讯公司在内部设立亿元级专项基金，用于激励产品、服务、运营、管理等各个领域的创新，并正式发布《内部创投基金管理方案》，在具体运作上，该创投基金分设战略、研发、市场三个VC管理运作，面向公司全体8万员工广泛征集技术、解决方案、商业模式和管理等领域的创投项目，鼓励创新、鼓励尝试、保护失败；同时，设立"中兴大讲堂"以解放思想，鼓励员工创新。

根据中兴通讯公司2021年年报，公司现有研发人员33422人，占集团员工数量比例高达46%。其中博士学历325人，硕士学历20235人，学士学历11618人，这部分数据体现出中兴通讯对于高学历员工越来越有吸引力。研发人员绩效薪资由业绩决定，绩效收入与其承担课题的重要性、完成质量和完成数量挂钩，而不是依据职位和资历。对于研发人员来说，即使自己只是一线员工，仍有可能在薪资待遇上高于自己的直接上级。

在职位待遇方面，中兴通讯坚持给每个员工创造公平的发展机会，公司设计了矩阵式发展体系，包含研发、营销、供应链、项目管理、运营支撑等七大岗位类别，在此基础上为员工设计了管理、专业、项目三条职业发展跑道，员工可以根据自己的定位，在任意一条跑道上获得发展与晋升的机会。其中，专业线包括：总监、资深专家、首席专家、首席科学家，管理线包括科长、部长、三层干部、高管团队，项目线包括项目经理、高级项目经理、项目总监、资深项目总监；三条序列相互对应，也就意味着，首席科学家的待遇可以与高管团队相平行。这样的制度大大提升了专业业务人员的职业发展空间，有利于团队人员构成稳定，同时有利于实现对核心技术员工的长期激励。

4. 中兴通讯创新绩效

得益于连续不断的科研投入，中兴通讯在科研人员储备和技术创新、专利申请方面，均取得了骄人的成效，同时，结合自身的软硬件实力，进一步提升了中兴通讯公司的盈利能力。2011—2018年，中兴通讯公司每年的PCT专利申请数量均保持在2000件以上，其中，2011年、2012年、2016年PCT国际专利申请排名第一，2013年、2017年位居第二，2014年、2015年居第三，2018年排名第五。2018年之后，虽然由于美国政府政策封锁、内部人员调整等原因，专利申请数量有所下降，但全球排名仍位于前20位。2018—2021年，随着持续的研发经费投入和人才投入，中兴通讯专利申请数量稳中有升，保持每年10%以上的增长速率。①

此外，值得关注的指标是中兴通讯公司历年的销售净利润率。一般来说，企业的盈利能力与专利技术储备呈正相关关系，但由于科研

---

① 参见中兴官网历年公开年报。

专利的成果转化需要一定的时间和生产、销售周期，所以在时间上会呈现一定的滞后性。长期来看，研发投入到销售盈利会是一个螺旋上升的过程。结合实际数据，可以看到中兴通讯自 11 年以来，除了 2016 年、2018 年两次因为缴纳巨额罚款导致现金流大量损失，造成盈利额大幅下降之外，其余年份基本在 2%—6%，并且随年份呈上升趋势。

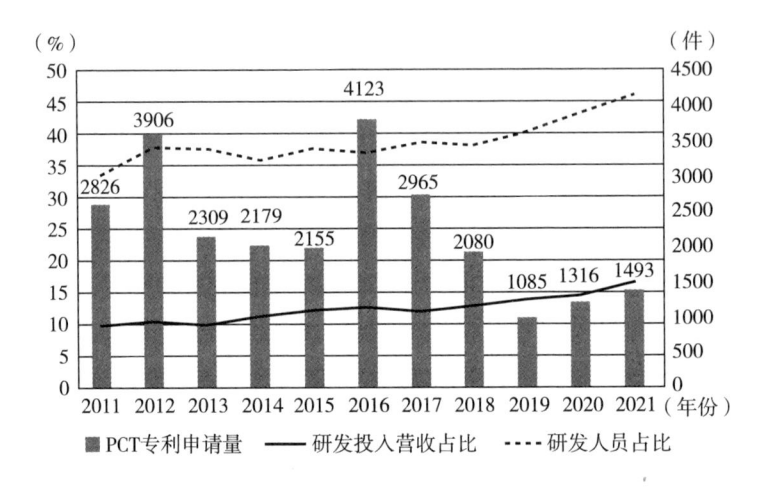

图 5-14　中兴通讯研发投入与 PCT 专利申请量

资料来源：作者根据中兴年度报告整理制图。

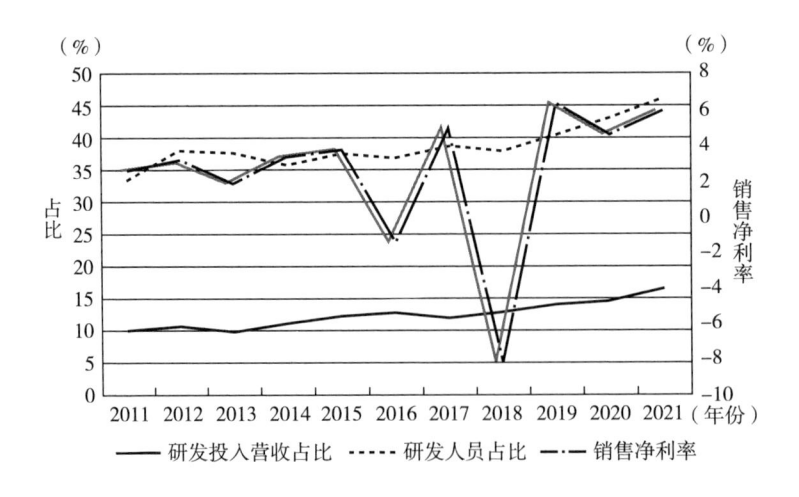

图 5-15　中兴通讯研发投入与销售净利率

资料来源：作者根据中兴年度报告整理制图。

知识产权就是进入和立足市场的"敲门砖"和"护身符"。从中兴通讯发展实践看，研发投入与知识产权成正比，唯有注重研发投入，才能推动知识产权建设和储备，进而驱动企业创新发展，并由此实现良性循环。尽管企业面临着10亿美元的罚款，但中兴通讯在2018年依然维持着109.06亿元的高额研发投入，可见中兴通讯对于研发投入之重视程度。

中兴通讯是ITU（国际电信联盟）、3GPP（第三代合作伙伴计划）、ETSI（欧洲电信标准化协会）、NGMN（下一代移动网络）、IEEE（电气与电子工程师协会）、CCSA（中国通信标准化协会）、5GAIA（5G应用产业方阵）、AII（工业互联网产业联盟）等200多个国际标准化组织、产业联盟、科学协会和开源社区的成员，并在GSA（全球供应商联盟）、ETSI等多个组织担任董事会成员，100多名专家在全球各大国际标准化组织、产业联盟、科研协会和开源社区中担任主席/副主席和报告人等重要职务，累计提交国际国内标准化提案、贡献研究论文超过10万篇。

截至2021年年底，中兴通讯拥有全球专利申请量8.4万余件，已授权专利超过4.2万件，累计获得中国专利奖10项金奖；连续9年稳居PCT国际专利申请全球前五；其中芯片专利申请4100余件，5G战略全球专利布局超过6500件，位列5G全球战略布局第一阵营，是全球5G技术研究和标准制定的主要参与者和贡献者。

同时，除5G网络在全球的商用外，中兴通讯的自研操作系统已在复兴号高铁、工业、电力等关键行业上广泛应用；中兴GoldenDB分布式数据库，已在国内包括中信银行在内的多家银行实现商用，是业界唯一覆盖全系列银行及全类型业务的国产分布式数据库；中兴通讯自研设计的高性能5G芯片已在全球规模商用。

5. 评述

中兴通讯公司在内部营造了有利于创新的企业文化，为员工提供了良好的创新氛围，同时通过内部的"中兴E学""中兴E问"等平台，激发了员工求知和分享的热情。同时，中兴通讯重视人才在创新行为中的主体作用，不断从人才胜任力的各个方面挖掘人才价值，调整人才结构，实现人才胜任力的极大提升和组织环境的有效保障，从而推进协同创新行为的实施。同时，通过绩效评估、股权激励等方式，最大限度地激发人才潜能与人才价值，不断激活价值创造的源泉。

此外，中兴通讯持续改善组织创新环境，充分考虑协同创新的长期性，为员工创造长期发展通道，建立更加灵活的组织架构，不断冲破束缚创造力的桎梏。另外，中兴通讯认识到创新绩效的提升是一个长期过程，人才生态系统各创新主体之间的能力协同在创新绩效的提升中存在一定的时滞性，坚持持续进行科研投入与人才培养，最终取得了不错的成效。

当前以5G为引领的新基建正在大规模展开，中兴通讯作为数字经济筑路者要用高质量的5G网络，让5G新基建成为数字经济的核心引擎，这些成果不会凭空实现，靠的是内部良好的人才生态系统，不断强化企业的核心技术竞争力。从案例可以看出，中兴通讯坚持创新，重视内部人才胜任力与创新环境、创新机制的建设，不断加强核心技术的研发和探索，进而通过技术创新不断提升产品质量，扩大产品广度，助力全球数字经济可持续发展，不断推进"中国智造"在世界范围的影响力。

三　海尔集团

1. 公司简介①

海尔集团创立于1984年，是全球领先的美好生活和数字化转型解决方案服务商。海尔始终以用户体验为中心，连续4年作为全球唯一物联网生态品牌蝉联"BrandZ最具价值全球品牌100强"，连续13年稳居"欧睿国际全球大型家电零售量排行榜"第一名，2021年全球收入达3327亿元，品牌价值达4739.65亿元。

海尔集团拥有3家上市公司，旗下子公司海尔智家位列《财富》世界500强和《财富》全球最受赞赏公司，拥有海尔 Haier、卡萨帝 Casarte、Leader、GE Appliances、Fisher & Paykel、AQUA、Candy 七大

---

① 参见海尔官网 https：//www.haier.com。

全球化高端品牌和全球首个智慧家庭场景品牌"三翼鸟 THREE WINGED BIRD",构建了全球引领的工业互联网平台卡奥斯 COSMOPlat 和物联网大健康生态品牌盈康一生,在全球设立了"10+N"创新生态体系、71 家研究院、30 个工业园、122 个制造中心和 23 万个销售网络,旗下海创汇创业加速平台孵化了 7 家独角兽企业、102 家瞪羚企业、80 家专精特新"小巨人"。

海尔集团聚焦实体经济,布局智慧住居、产业互联网和大健康三大主业,致力于携手全球一流生态合作方,持续建设高端品牌、场景品牌与生态品牌,以科技创新为全球用户定制个性化的智慧生活,助力企业和机构客户实现数字化转型,推动经济高质量增长和社会可持续发展。

2. 海尔集团人才生态系统分析

海尔集团从创业至今,尽管发展战略不断发生调整,但内部始终坚持"让人才价值最大化"的人才策略,不断调整内部机制,让优秀的人才能够脱颖而出,同时不断补充新鲜血液,并以此为契机,形成了一套自己的人力资源发展理念,给每个人提供充分实现自我价值的空间。

①斜坡球体人才发展理论。海尔认为,每一个员工都恰似在斜坡上上行的球体,市场竞争越激烈,企业规模越大,这个斜坡的角度越大。而人才发展的阻力是员工自身的惰性,只有提高自己的素质,克服惰性,不断向目标前进,才能发展自己,否则只能滑落乃至于被淘汰。而止住人才在斜坡上下滑的动力是人的素质。海尔认为,人才的素质是"在一点一滴中养成,从严格的管理中被逼出"。为此,海尔推行 OEC 管理制度:每天全方位地对每人、每件事进行清理、控制,"日事日毕,日清日高"——今天的工作必须今天完成,今天要完成的事情相比昨天必须要有质的提高,而明天要达成的目标必须比今天更高,以求把问题控制在最小的范围解决,在最短的时间内把损失降低到最小的程度。

②人人是人才,赛马不相马。"变相马为赛马",实际上是斜坡球体人才发展理论的一种体现和保证,二者是相辅相成的。在海尔领导

集团看来，企业不缺人才，人人都是人才，关键是不是将每一个人所具备的最优秀的品质和潜能充分发挥出来了，基于此，海尔"变相马为赛马"，认为管理者的责任就是要通过搭建"赛马场"，为每个人才营造创新的空间。海尔这种全方位开放式的"赛马"，人人可升迁，只要你有才能，所有的岗位都可参赛，而且搭建的舞台向社会开放。在这个"赛马"的舞台上，没有身份的贵贱、资历的长短、年龄的老少，只有技能、活力、创造和奉献精神。"赛马"让人才的命运掌握在自己的手中，海尔为人才成长铺就了一条成功的道路。

海尔非常重视在企业内部为人才创造竞争的环境，其原则是充分发挥每个人的潜在能力，让每个人每天都能感到来自企业内部和市场的竞争压力，又能将压力转化成竞争的动力，从而持续提升员工的人才胜任力，促进企业持续发展。

海尔集团文化的核心是创新，海尔文化以观念创新为先导、以战略创新为方向、以组织创新为保障、以技术创新为手段、以市场创新为目标。从1984年创业至今，海尔集团经过了名牌战略发展阶段、多元化战略发展阶段、国际化战略发展阶段、全球化品牌战略发展阶段、网络化战略发展阶段、生态品牌战略阶段。在海尔集团内部，创新观念深入人心。

图 5-16　海尔的六个战略发展阶段

在海尔集团的名牌战略发展阶段（1984—1991年），在国家实行改革开放的大背景下，家电市场整体供不应求，很多企业只注重产量，而忽略了产品质量。海尔实施全面质量管理，严抓质量。当家电市场转变为买方市场时，海尔家电凭借更优的质量在竞争中取得了优势。

在海尔集团的多元化战略发展阶段（1991—1998 年），国家政策鼓励企业兼并重组，部分企业认为不应进行多元化发展，部分企业在兼并重组之后难以为继。海尔以海尔文化激活"休克鱼"模式，先后兼并了国内十八家企业，通过输入海尔文化，盘活被兼并企业，使企业规模不断扩展。面对日益激烈的市场竞争，海尔没有选择陷入价格战的泥潭里，而是在国内率先推出星级服务体系，又一次赢得了竞争优势。与此同时，海尔品牌开始在国际市场崭露头角。

在海尔集团的国际化战略发展阶段（1998—2005 年），海尔集团大力推行管理创新，完成了业务流程再造，推行"市场链"管理。中国加入世贸组织之后，在很多企业出口受挫的背景下，海尔集团逆流而上，提出了"走出去、走进去、走上去"的三步走战略，先进入发达国家创名牌，再进入发展中国家。逐步在海外市场建立起设计、创造、营销的"三位一体"本土化模式。

在海尔集团的全球化品牌战略发展阶段（2005—2012 年），传统模式无法满足互联网时代，开始推行用户个性化的需求。同时，在全球经济一体化的形势下，需要海尔集团进一步整合资源，进行全球化品牌的创造。2005 年，海尔提出了"人单合一"模式，期望企业内部形成"自主人生态"，让每个人充分发挥想象力，挖掘潜在价值。

在海尔集团的网络化战略发展阶段（2012—2019 年），海尔开始转型成为平台型企业，以应对市场呈现出的网络化特征。海尔继续探索"人单合一"的商业模式，去掉科层制，减少中层组织，深入发展新的业务模式，大规模定制，按需设计，按需制造，按需配送。2013 年 12 月 9 日，海尔与阿里宣布达成战略合作，双方将携手打造全新的家电及大件商品的物流配送、安装服务等整套体系及标准，该体系对全社会开放。2017 年，中国海尔卡奥斯 COSMOPlat 工业互联网平台被 ISO、IEEE、IEC 三大国际标准权威机构指定来主导大规模定制等国际标准。

在海尔集团的生态品牌战略发展阶段（2019 年至今），海尔集团在物联网语境下，持续以用户需求为导向，让员工发挥最大价值为用户创造价值；以生活场景为目标，突破产品和行业的边界，深度挖掘和掌握用户动态的需求，持续为用户提供个性化产品和场景服务，打破过去价格交易的传统产品售卖逻辑，从而开启新的价值交互模式。2021年6月21日，2021年BrandZ最具价值全球品牌榜在戛纳揭晓，海尔连续三年以全球唯一物联网生态品牌上榜，品牌价值较前一年提升41%。

2020年11月，在青岛高新区举办的高质量发展论坛上，青岛高新区与海尔集团联手打造的K-link双创生态平台正式发布。该平台汇集了海尔集团47万多家核心企业资源、1万多份关键行业研报、5000余条重点产业政策，通过大数据分析的手段，帮助传统产业转型升级和小微企业加速孵化。①

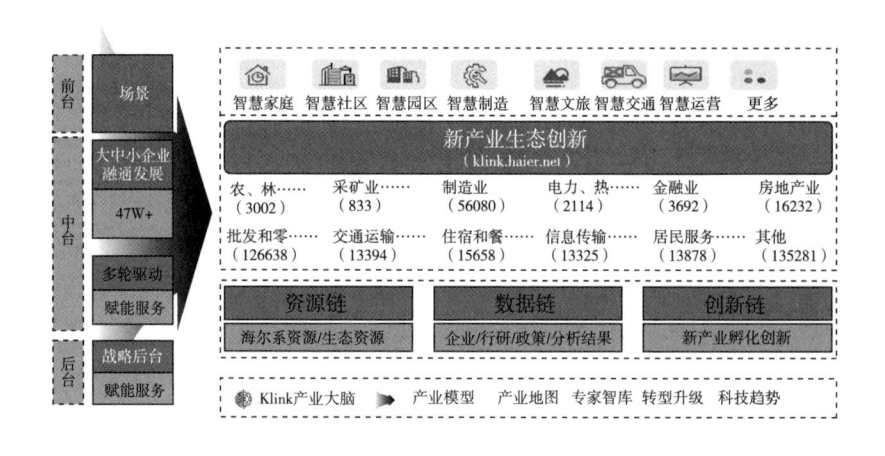

图5-17　K-link双创生态平台应用场景

K-link双创生态平台为企业提供了一个平台，能够对新产业生态进行画像，帮助企业快速对接产业资源、进行生态布局、判断发展或裂变方向。依托海尔集团的产业资源，企业在K-link平台上能够敏捷触点到产业前端的场景需求，通过平台资源链、数据链、创新链的赋

---

① 参见青岛财经网《青岛高新区联手海尔打造大中小企业共创、共享生态平台》http://www.qdcaijing.com/p/183992.html。

能服务，在区域内迅速建立或融入研发、生产、供销、金融、人才齐聚的产业创新生态，实现企业的快速发展。同时，K-link 平台的"产业大脑"能够实时汇集国家政策、行业标准、最新前沿技术、企业经营等要素数据，构建企业评价模型、产业发展模型和产业地图等，指导企业在发展过程中取长补短、优化产业布局，适应时代变革。

3. 海尔集团协同创新管理

海尔首创的"人单合一"模式，可谓中国第一个走向全球的原创管理模式。"人"指的是员工，"单"指的是用户需求，人单合一这一模式最初的设想，就是为了让每个人的价值得到最大的体现，消除科层制，形成所谓的"自主人"生态，在集团内部，形成一个可以万物互联的平台型组织。集团内部不断进行尝试，员工从自然人到创客、到小微组织，再变成链群合约，逐步成熟。链群是海尔组织管理体系中的核心部分，链群组织分为体验链群和创单链群。体验链群一般包含时长、服务、营销、方案四个节点，创单链群一般包含开发、采购、生产、质量四个节点，链群可以自主发掘用户需求，转化为用户订单，进而通过链群合约，和其他链群构成合作关系。当创单链群发现市场机遇后，会将实际的需求转化为具体的订单。例如，当链群发现某地对于小体积大容量冰箱的需求较大，就会向内部平台下单，由其他具备研发、生产能力的链群进行"抢单"，抢单成功即可与该链群合作共同开发该款小体积冰箱。研发部门也需要通过提供有价值的研发方向、研发方案才能抢到单。而在这一过程中，员工的薪酬是依据其创造的价值计算，因此，员工在满足顾客需求的同时，也要考虑成本控制。例如研发部门在研发小体积大容量冰箱时，合理利用已有的专利技术，就能避免重复投入，节约研发成本。在这一过程中，海尔的内部平台可以实现全程的信息化，并进一步评价投入与实际产出的价值，进而影响该链群在平台上的"抢单权"。通过结果反馈促进链群组织进行高效的成本管理，进而创造更大的收益，实现了员工利益与集团利益的一致。

依托"人单合一"管理模式及"世界就是我的研发部"的开放创新理念，海尔在 2009 年搭建了海尔开放创新平台（Haier Open

Partnership Ecosystem，HOPE），HOPE 平台经过多年的发展，目前已经成为海尔旗下独立的开放式创新服务平台。HOPE 平台是一个创新者聚集的生态社区，一个庞大的资源网络，也是一个支持产品创新的一站式服务平台。

作为一站式创新服务平台，HOPE 跟踪、分析和研究与产业发展密切相关的超前 3—5 年的技术，同时推进这些技术的产业化转化。HOPE 把技术、知识、创意的供方和需方聚集到一起，提供交互的场景和工具，促成创新产品的诞生。自成立以来，HOPE 平台支持海尔各个产品研发团队和超前研发团队创造了众多的颠覆性产品，如 MSA 控氧保鲜冰箱、净水洗洗衣机、水洗空调、天樽空调、NOCO 传奇热水器、防干烧燃气灶等，受到消费者喜爱，在市场上迅速成为明星畅销产品。

截至 2020 年年底，HOPE 服务的行业包括家电、能源、健康、日化、汽车、烟草、材料、智慧家居、生活家电等二十多个大的领域。目前 HOPE 平台上聚集着高校、科研机构、大公司、创业公司等群体，覆盖了"100+的核心技术"领域，社群专家"12 万+"，全球可触达资源"100 万+"①。

经过 11 年的探索，HOPE 平台打造了相对成熟并具有中国特色的开放式创新模式，并沉淀核心的方法论，在需求定义、资源评估、用户需求洞察等创新服务的关键节点取得突破，解决了创新成果转化的瓶颈问题。海尔在传统企业资产负债表、现金流量表和损益表的基础上，创造了第四张表：共赢增值表。

共赢增值表聚焦于生态平台，将用户资源纳入成本管理范畴，通过构建生态系统先将蛋糕做大，再进行价值分享。在传统概念下，只会根据单一产品的销售情况来衡量对应的成本、利润数据，海尔引入平台化概念，将每一件产品视为立体的生态化系统，打破单一产品形态之间的边界，进而通过产品背后链接的用户、资源方价值，创造多方共创共赢的新型格局。

---

① 参见 HOPE 平台官网 https：//hope.haier.com/hope_web。

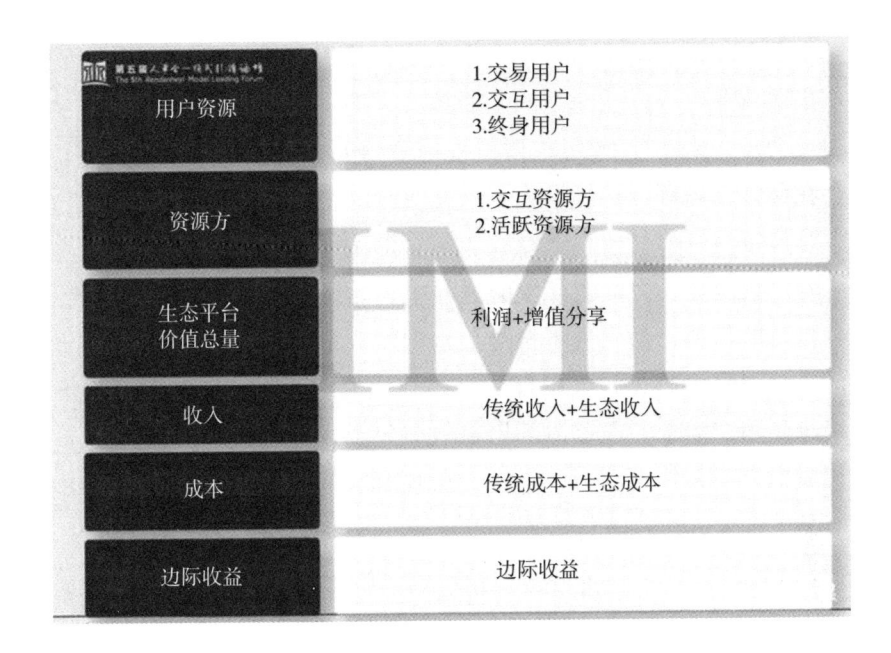

用户资源	1.交易用户 2.交互用户 3.终身用户
资源方	1.交互资源方 2.活跃资源方
生态平台价值总量	利润+增值分享
收入	传统收入+生态收入
成本	传统成本+生态成本
边际收益	边际收益

图 5-18　海尔集团共赢增值表

4. 海尔集团创新绩效

海尔集团坚持"科技自强，原创领航"的理念，聚焦三大产业，发挥科技创新体系优势，让科技创新成为新发展引擎。海尔在全球有 2 万余名研发人员，10 个研发中心，71 家研究院，1000 余家实验室。持续的投入，带来的是丰厚的科研创新成果。海尔集团 16 项科技创新成果荣获国家科技进步奖，数量占家电行业 2/3；11 项专利获得中国专利金奖，中国家电行业最多；拥有 8.3 万项全球专利申请量，同时发明专利占比 63%，也是中国家电行业最高；另外，拥有 1.5 万项海外发明专利，布局 30 个国家，同为中国家电行业最多。

同时，海尔集团还主导了 84 项国际标准制修订，655 项国家/行业标准制修订。海尔还是全球唯一同时进入国际权威标准组织 IEC 两大最高管理机构 CB、MSB 的企业。海尔拥有中国首家企业工业设计中心、首批获工信部认定的国家级工业设计中心，获 500 项国际设计大奖、3 项中国优秀工业设计奖，是全国唯一"金奖三连冠"企业。

近 10 年来，海尔创造了 170 余项对行业有重大影响的原创技术，而且全部创新成果均快速转化至产业链，给用户带来全新体验，推动海尔集团营业收入以及净利润不断提升。海尔集团还将成立科学与技术委员会，未来三年建立专项产业基金400亿元，研发投入600亿元，在科技创新领域持续发力。

5. 评述

海尔集团在人力资源开发的过程中，始终聚焦如何让每个人充分发挥自己的价值，激发员工自身上进的主观能动性，提升员工的人才胜任力。同时，通过"人单合一"的管理模式，让企业内部能更直接地接触到用户需求，通过内部抢单、绩效激励等方式，倒逼员工自发进行成本控制，技术创新。同时，在政府政策的支持下，海尔集团积极与其他企业、机构进行协同创新尝试。海尔集团的HOPE创新生态平台，经过多年发展，目前已成为海尔旗下独立的开放式创新平台，汇聚20余万技术专家，100多万研发资源，每年解决各类创新课题500余例。海尔海创汇平台，打造"科技助力创业，创业加速科创"融合创新模式，已孵化5家上市公司，90家瞪羚企业，38家专精特新"小巨人"。

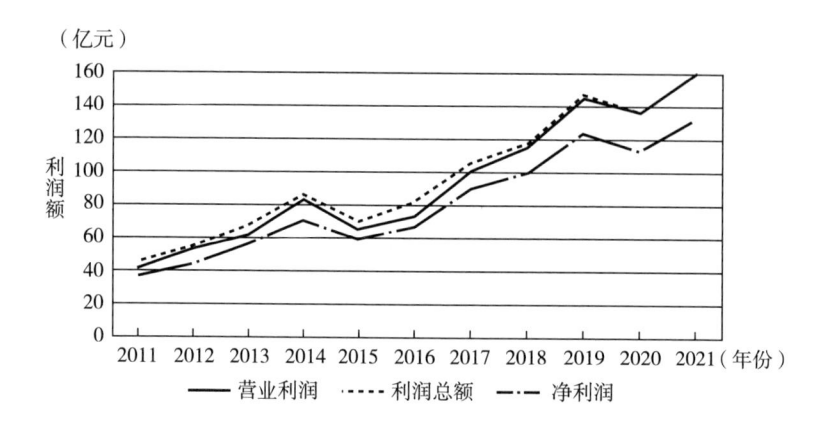

图 5-19　2011—2021 年海尔集团营收情况

资料来源：作者根据海尔年度报告整理制图。

2021年6月29日，BrandZ颁发了历史上的首个个人荣誉，时任海尔集团董事局主席、首席执行官张瑞敏荣膺"物联网生态品牌创立者"称号，这不仅代表着海尔的成功，更意味着对海尔"人单合一"管理模式的认可。正如诺贝尔经济学奖得主、美国哥伦比亚大学教授埃德蒙·费尔普斯所言，海尔"人单合一"模式的提出和实践，有助于解决大企业的管理困境，破解物联网时代的管理难题，开拓属于物联网时代的管理模式。正是因为海尔不断地创新迭代，不断优化，才使得海尔集团充满活力，连续四年作为全球唯一物联网生态品牌入选最具价值全球品牌100强，品牌价值实现逆势增长。

第六章 研究结论与启示

第一节 研究结论与讨论

本书建立"人才生态系统—协同创新—企业创新绩效"概念模型并选取 352 个样本进行了实证检验，研究结论如下：

（1）企业人才生态系统的人才胜任力、组织环境、区域环境对协同创新中的技术协同和能力协同具有正向影响，作用强度不一致。具体来说，组织环境对技术协同和能力协同的作用更强，其次是人才胜任力。说明良好的组织创新环境对企业实施协同创新行为是非常重要的，企业人才生态系统的良性运转在很大程度上得益于组织良好的内部环境，企业人才创造力的发挥与其内部创新环境密不可分。企业应在协同创新中为人才提供良好的创新氛围、培养有利于创新的企业文化、搭建交流沟通的平台、加强人才信任。同时，尊重人才在协同创新行为中的主体作用，不断地从人才胜任力的各个方面挖掘人才价值，调整人才结构，实现人才胜任力的极大提升和组织环境的有效保障，进而促进协同创新行为的实施。

（2）人才胜任力、组织环境、区域环境分别通过协同创新（技术和能力两方面协同）间接作用于企业创新绩效，即在人才生态系统与企业创新绩效的协同创新关系中起部分中介作用。此外，在人才生态系统作用于创新绩效的三个路径中，组织环境通过协同创新这一中介，对企业创新绩效的影响程度最大。实证检验结果说明，在企业人才生态系统的构建和完善过程中，要以组织环境的改善为重点，企业要培育好具有创新精神的组织环境，持续强化组织环境在协同创新战略实施过程中的支撑作用，同时发挥好区域环境的催化作用，实现人才、知识、信息等要素的聚集和流动，提升企业内部人才胜任力，促进资源、能量交换，通过企业人才生态系统的良性循环，交互更多的高质量资源，实现协同创新，进而赋能企业创新活动，提升创新绩效。

（3）协同创新与创新绩效关系中，技术协同这一维度正向影响创新绩效，另一维度的能力协同则对企业创新绩效没有表现出显著作用。这一假设检验结果表明，技术协同在创新绩效提升中占据主导地位。企业能够利用人才生态系统中能量的交换获取高质量的知识和资源，继而吸收、整合，实现技术层面的协同创新，在创新产品或服务上持续发力，创造较高的创新绩效。假设 Hc2 未通过检验，也就是说，能力协同对企业创新绩效没有显著影响，因为协同创新的能力协同是更为复杂的协同活动，这一行为从协同目标确定、到资源调配、协作配合、利益共享、风险管理，最终取得创新成果均具有长期性和复杂性，并且企业人才生态系统内各要素、主体之间只有经过一定时期的协作磨合，才能达到"1+1>2"的协同效应。亦在一定程度上说明能力协同是一个长期过程，人才生态系统各创新主体之间的能力协同，在创新绩效的提升中存在一定的时滞性。

第二节　研究启示

本书构建出"人才生态系统—协同创新—企业创新绩效"这一作用路径，对人才生态系统和创新绩效间的作用路径进行了实证检验，有效地弥补了以往研究中对人才生态系统、协同创新、创新绩效三者关系间的研究缺乏的现状，不仅纵向加深了现代企业人力资源管理的理论探讨，拓宽了生态理论的研究边界，同时拓展了组织创新的理论研究。根据研究结论，本书立足企业人才生态系统的各个组成要素，从以下几个方面提出对管理实践的启示及相关建议。

一 提升人才胜任力水平，激活价值创造的源泉

企业人才胜任力是由人才的知识、技能以及素质相互结合的产物，人才胜任力对企业创新绩效具有积极的作用。同时，协同创新能够在企业人才胜任力与企业创新绩效之间发挥部分中介作用。因此，提升企业人才胜任力水平是实现企业创新发展的首要举措。人才资源是最具生产力的资源，尤其是创新型人才，是企业创新行为的实施和创新成果的创造者。把发展和提高人才胜任素质作为企业人力资源战略的重中之重，贯穿于整个人力资源工作的全过程，是推动企业人才生态系统健康运行的关键。本书的结论不仅适用于创新型企业，同时也具有普遍性，对各类企业都有一定的借鉴意义：人才的胜任力模型由知识、技能、素质三个维度共同组成，为了满足新时代的创新发展的需要，公司对人才的要求应当根据不同的岗位性质和要求做出相应的调整，鼓励人才通过接受学历教育、参加职业技能培训和认证等途径，持续升级知识结构、提升创新能力、完善个人特质，提升个人的综合素质，增强个体的竞争力，从而在企业人才生态系统中实现人才的潜力和价值。

二 改善企业组织创新环境，促进创新要素的交互

本书将组织环境作为影响企业人才生态系统的组织因素，研究结果说明了创新绩效的实现同样离不开创新组织环境的作用。因此，对于企业而言，在把握人才胜任力的基础上来创新组织环境，是实现人才生态系统健康运转和提升创新绩效的另一个主要途径。如在组织创新氛围、创新管理制度、沟通方式的优化上持续发力，以此提升人才生态系统的运行效率，从而为创造力的挖掘和发挥保驾护航，使企业在创新发展之路上行稳致远。具体而言，一方面，企业要改善组织创新环境，充分考虑协同创新的长期性，协同过程中不可避免地存在各主体间资源争夺、冲突等问题，以及协同创新活动需要融合不同的思维方式来完成共同目标。企业应该不断摆脱束缚创造力的桎梏，将重点聚焦到畅通沟通渠道的同时，尽可能减少因害怕被批评而保守畏难、停滞不前的行为状态，在营造创新生态氛围上持续发力，促进创新要素的交互。另一方面，创新的本质属性决定了创新主体不愿被框

架、权威束缚，往往崇尚自由、开放的氛围。创新要求不同部门间发展和谐共生的关系，而一些企业中存在传统的官僚体制，这明显不适应组织创新发展和市场竞争需要。为了适应人才胜任力的提升，企业应该努力建立更加灵活的组织架构。另外，创新是一个多维度的投入过程，它要求将不同的思想、方法结合起来达到团队目的，要想更加高效地实施协同创新，必须要有恰当的管理参与，而这种参与不再是对创新的直接控制和领导，而是通过对创新过程中的各种关系进行间接的监督和调整。

三 优化人才生态区域环境，助力企业创新的升级

与人才胜任力、组织环境对创新绩效的提升作用对比而言，区域环境在其路径中的作用力较弱，但也是不可忽略的。区域环境是创新过程的催化剂，一个开放、多元、包容的区域文化环境无疑会促进创新思维的形成。首先，区域环境问题的研究对企业的选址、重要的经营决策等都具有重要的指导作用。一方面，企业应提升外部环境适应性水平，不断培育从区域环境中寻求创新机遇的敏锐度、提高利用和整合区域创新资源的能力。另一方面，政府要在人才服务政策上进行创新，建立创新人才引进专项基金，对紧缺人才、技术创新型人才给予优厚待遇；另外，针对当地产业发展方向的创新项目或创新团队也要给予创业资助、政府奖励、税收优惠等政策支持。其次，要对区域产业发展战略进行规划。基于对区域资源的客观分析，将产业发展、产业结构调整与地区资源优势三者紧密结合，并在结构合理的产业布局基础上建设创新创业孵化基地、科技项目服务中心，加快形成集研发、投资、设计、生产、销售、服务为一体的创新产业链以发挥集聚化优势。此外，还应建立以政府、社会机构、国际机构等为主体的多方协同创新机制，打破市场分割和行业垄断的不利局面，为不同地区、不同行业的相互渗透、融合提供高效支持，助力企业创新和产业升级。

第三节 研究局限与展望

虽然就本书的研究目标而言，对人才生态系统和企业创新绩效关系的探讨结果基本符合预期，但受主客观现实条件的约束，研究还存在一些不足之处，在此对未来研究提出展望：

第一，由于各种限制，本书的数据主要来源于问卷调查，样本代表性有限。后续研究可以尝试选择数据库资源作为数据来源，来应对问卷法可能造成的主观偏差，更加准确地揭示人才生态系统、协同创新和创新绩效间的作用机制。此外，本书选取横截面样本数据作为实证分析的基础，而企业人才生态系统、协同创新对于创新绩效的影响可能是长期的，纵向追踪调查是否能提升该研究的实证价值，也有待进一步的探索。

第二，本书在选择创新型企业作为调研对象时，忽视了对行业异质性的考察，而创新型企业在不同行业层面可能因为对于创新强度要求不同而表现出行业的差异性，未来针对某一个行业的研究或许能对创新管理实践提供更细致的对策建议。

第三，本书重点关注协同创新在企业人才生态系统与创新绩效关系中的传导机制，但出于不同研究视角，是否存在其他中介变量或调节变量在这一过程中发挥作用还是未知，相关的研究边界还有待拓宽。

参考文献

中文参考文献

爱德华·弗里曼:《战略管理——利益相关者方法》,王彦华、梁豪译,上海译文出版社 2006 年版。

彼得·德鲁克:《管理前沿》,闾佳译,机械工业出版社 2009 年版。

彼得·德鲁克:《21 世纪的管理挑战》,朱雁斌译,机械工业出版社 2009 年版。

白俊红、卞元超:《政府支持是否促进了产学研协同创新》,《统计研究》2015 年第 11 期。

常浩然、李晓静:《基于财务视角的企业技术创新绩效评价综述》,《商业会计》2015 年第 22 期。

崔民日、周治勇:《地方本科高校、企业、政府产教融合对策研究——以协同创新为视角》,《贵州工程应用技术学院学报》2015 年第 4 期。

陈劲、阳银娟:《协同创新的理论基础与内涵》,《科学学研究》2012 年第 2 期。

陈万思:《纵向式职业生涯发展与发展性胜任力——基于企业人力资源管理人员的实证研究》,《南开管理评论》2005 年第 6 期。

陈劲、阳银娟:《协同创新的驱动机理》,《技术经济》2012 年第 8 期。

陈劲、谢芳、贾丽娜:《企业集团内部协同创新机理研究》,《管理学报》2006 年第 6 期。

陈晓萍、徐淑英、樊景立:《组织与管理研究的实证方法》,北京大学出版社 2009 年版。

陈钰芬、陈劲：《开放式创新促进创新绩效的机理研究》，《科研管理》2009 年第 4 期。

曹勇、周蕊、周红枝、永田晃也：《资源拼凑、双元学习与企业创新绩效之间的关系研究》，《科学学与科学技术管理》2019 年第 6 期。

曹勇、李宇、田瑞晨、李娟：《供应链协同对企业创新绩效的影响：战略柔性的中介作用与环境扫描的调节效应》，《创新科技》2022 年第 8 期。

曹桂华、李登辉：《基于熵值法的我国集成电路上市企业创新绩效评价实证研究》，《理论月刊》2018 年第 12 期。

蔡宁、闫春：《开放式创新绩效的测度：理论模型与实证检验》，《科学学研究》2013 年第 3 期。

陈鲁夫、邵云飞：《"钻石模型"视角下战略性新兴产业创新绩效影响因素的实证研究——以新一代信息产业为例》，《技术经济》2017 年第 2 期。

池仁勇、张济波：《区域创新与区域经济发展的相关性与时滞性：基于浙江省的实证研究》，《科技进步与对策》2007 年第 12 期。

董健康、韩雁、梁志星：《协同创新系统中各类主体的角色及定位》，《中国高校科技》2013 年第 6 期。

董馨、吴薇、王奕衡：《基于协同创新理念的校企合作模式研究》，《国家教育行政学院学报》2014 年第 7 期。

戴福祥、章娜、杨佳敏：《高技能人才生态系统要素间的相互关系及其模型构建——以湖北省为例》，《武汉理工大学学报》（社会科学版）2021 年第 2 期。

丁安娜：《企业数字化转型背景下人才生态系统构建》，《合作经济与科技》2020 年第 19 期。

付丙海、谢富纪、韩雨卿：《创新链资源整合、双元性创新与创新绩效：基于长三角新创企业的实证研究》，《中国软科学》2015 年第 12 期。

董原:《基于人才生态学理论的创新创业人才队伍建设：研究综述》,《兰州学刊》2016年第4期。

方磊,舒卫英:《区域人才生态系统的内涵及进化机制研究》,《宁波经济（三江论坛）》2020年第3期。

方磊、吴向鹏、何军邀:《区域人才生态系统建设的对策研究——以宁波市鄞州区为例》,《现代商贸工业》2020年第4期。

冯强、蔡双立:《知识产权外部商业化驱动因素与商业化绩效关系研究——基于解吸能力的中介效应》,《中国科技论坛》2018年第8期。

冯茹:《人才生态背景下的城市经济增长动力研究——以大连市为例》,《技术与创新管理》2018年第6期。

范太胜:《基于产业集群创新网络的协同创新机制研究》,《中国科技论坛》2008年第7期。

冯根福、郑明波、温军、张存炳:《究竟哪些因素决定了中国企业的技术创新——基于九大中文经济学权威期刊和A股上市公司数据的再实证》,《中国工业经济》2021年第1期。

高俊:《人才生态系统视角下创新型人才离职倾向影响因素的实证研究——基于甘肃省兰州市的问卷调查》,《西安石油大学学报》（社会科学版）2017年第4期。

高辉:《中国情境下的制度环境与企业创新绩效关系研究》,博士学位论文,吉林大学,2017年。

郭玉明:《企业创新绩效影响因素实证研究》,《河北工业大学学报》2014年第1期。

顾然、商华:《基于生态系统理论的人才生态环境评价指标体系构建》,《中国人口·资源与环境》2017年S1期。

顾远东、彭纪生:《组织创新氛围对员工创新行为的影响：创新自我效能感的中介作用》,《南开管理评论》2010年第1期。

高建、汪剑飞、魏平:《企业技术创新绩效指标：现状、问题和新概念模型》,《科研管理》2004年S1期。

何勇、赵林度、何炬、吴清烈:《供应链协同创新管理模式研究》,《管理科学》2007 年第 5 期。

黄梅:《基于熵流模型的人才生态区动态监测体系研究——以北京中关村海淀园为例》,《中国行政管理》2013 年第 9 期。

黄亮、彭璧玉:《工作幸福感对员工创新绩效的影响机制——一个多层次被调节的中介模型》,《南开管理评论》2015 年第 2 期。

黄晴宜:《员工持股计划、内部薪酬差异与创新绩效》,《中国管理信息化》2022 年第 13 期。

胡恩华、刘洪:《基于协同创新的集群创新企业与群外环境关系研究》,《科学管理研究》2007 年第 3 期。

胡晓瑾、解学梅:《基于协同理念的区域技术创新能力评价指标体系研究》,《科技进步与对策》2010 年第 2 期。

何郁冰:《产学研协同创新的理论模式》,《科学学研究》2012 年第 2 期。

何郁冰、张迎春:《网络类型与产学研协同创新模式的耦合研究》,《科学学与科学技术管理》2015 年第 2 期。

洪银兴:《产学研协同创新的经济学分析》,《经济科学》2014 年第 1 期。

霍斯特·伯格曼等:《人人是领导——工作现场的基层领导模型》,高云等译,机械工业出版社 2002 年版。

侯杰泰、温忠麟、成子娟:《结构方程模型及其应用》,教育科学出版社 2004 年版。

贺灵、程鑫、邱建华:《技术创新要素协同对企业创新绩效影响的实证分析》,《财经理论与实践》2012 年第 3 期。

何威、李华、孙秋柏:《协同创新、信息通信技术与企业创新绩效的关系研究》,《数学的实践与认识》2021 年第 15 期。

何昕、伊娜:《大连国家自主创新示范区人才生态系统优化研究》,《电子商务》2018 年第 9 期。

黄梅、吴国蔚:《人才生态链的形成机理及对人才结构优化的作用研究》,《科技管理研究》2008 年第 11 期。

黄梅、吴国蔚:《人才生态链管理——现代人才管理的新视角》,

《科技管理研究》2008年第7期。

何郁冰、伍静：《企业生态位对跨组织技术协同创新的影响研究》，《科学学研究》2020年第6期。

菅利荣：《国际典型的产学研协同创新机制研究》，《高校教育管理》2012年第5期。

蒋天颖、王俊江：《智力资本、组织学习与企业创新绩效的关系分析》，《科研管理》2009年第4期。

贾生华：《企业家能力与企业成长模式的匹配》，《南开学报》（哲学社会科学版）2004年第1期。

蒋兴华、范心雨、汪玲芳：《伙伴关系、协同意愿对协同创新绩效的影响研究——基于政府支持的调节作用》，《中国科技论坛》2021年第2期。

缴旭、豆鹏、寇远涛、鲜国建、赵瑞雪：《科技人才生态系统自组织演化机制——条件、诱因、动力和过程》，《北京教育学院学报》2019年第5期。

康健、胡祖光：《基于区域产业互动的三螺旋协同创新能力评价研究》，《科研管理》2014年第5期。

柯江林、孙健敏、石金涛：《变革型领导对R&D团队创新绩效的影响机制研究》，《南开管理评论》2009年第6期。

孔晓丹、张丹：《创新网络知识流动对企业创新绩效的影响研究——基于网络嵌入性视角》，《预测》2019年第2期。

孔峰、贾宇、贾杰：《基于VIKOR法的企业技术创新综合能力评价模型研究》，《技术经济》2008年第2期。

孔祥浩、许赞、苏州：《政产学研协同创新"四轮驱动"结构与机制研究》，《科技进步与对策》2012年第22期。

李援越、吴国蔚：《高技能人才生态失衡及其对策》，《科技管理研究》2011年第12期。

林剑、张向前：《演变趋势、保障体系与创意人才生态系统构成》，《改革》2012年第8期。

林剑：《企业创意人才生态系统健康研究》，博士学位论文，华侨大学，2014年。

林琳：《人才生态视角下民族地区高校教师人才外流原因研究》，《西南民族大学学报》（人文社科版）2017年第11期。

刘学方、王重鸣、唐宁玉、朱健、倪宁：《家族企业接班人胜任力建模——一个实证研究》，《管理世界》2006年第5期。

刘红、张小有、杨华领：《核心技术员工股权激励与企业技术创新绩效》，《财会月刊》2018年第1期。

刘蓉、陈伟莲：《基于ISM的航运服务人才生态系统的影响因素研究》，《广州航海学院学报》2019年第2期。

李林、刘志华、王雨婧：《区域科技协同创新绩效评价》，《系统管理学报》2015年第4期。

李恒、李佳凤：《校企协同创新绩效评价方法综述》，《创新》2013年第6期。

李刚、陈利军：《民营企业员工个人价值观、组织环境及员工创新行为之实证分析》，《中央财经大学学报》2010年第4期。

李永萍、党承林：《森林顶极群落研究进展》，《云南大学学报》（自然科学版）2006年S1期。

李锡元、查盈盈：《人才生态环境评价体系及其优化》，《科技进步与对策》2006年第3期。

吕海萍、化祥雨、池仁勇、刘洪民：《研发要素空间联系及其对区域创新绩效的影响——基于浙江省的实证研究》，《华东经济管理》2018年第5期。

李志刚、李瑞：《共享型互联网平台的治理框架与完善路径——基于协同创新理论视角》，《学习与实践》2021年第4期。

李子彪、吕鲲鹏、李叶、孙可远：《精神—制度—行为：企业创新胜任力研究》，《科技管理研究》2020年第9期。

刘丹、闫长乐：《协同创新网络结构与机理研究》，《管理世界》2013年第12期。

陆宏芳、沈善瑞、陈洁、蓝盛芳：《生态经济系统的一种整合评价方法：能值理论与分析方法》，《生态环境》2005年第1期。

刘国巍、邵云飞、刘博：《模块化网络视角下我国大健康产业链协同创新能力评价研究》，《科技进步与对策》2021年第24期。

罗琳、魏奇锋、顾新：《产学研协同创新的知识协同影响因素实证研究》，《科学学研究》2017年第10期。

刘希宋、李玥：《基于粗糙集理论的企业自主创新能力评价研究》，《科技进步与对策》2008年第1期。

李敏、夏思宇：《高管团队异质性、行业背景与企业创新绩效的元分析，《安徽大学学报》（哲学社会科学版）2022年第4期。

李大庆、李庆满、单丽娟：《产业集群中科技型小微企业协同创新模式选择研究》，《科技进步与对策》2013年第24期。

李民祥、杨建君：《领导风格对组织创新模式的影响——集体主义导向的调节作用》，《软科学》201年第10期。

李维锦、李三强、林光辉：《基于生态系统理论的森林生态旅游专业人才培养探索》，《科教导刊》（中旬刊）2013年第22期。

李美娟、陈国宏、陈国龙：《基于灰色关联度的产业技术创新能力评价研究》，《山西财经大学学报》2008年第6期。

李枭鹰、牛军明：《大学人才生态系统建设的理念、机制与路径》，《教育评论》2018年第6期。

李祖超、梁春晓：《协同创新运行机制探析——基于高校创新主体的视角》，《中国高教研究》2012年第7期。

李露：《基于ANP法的科技企业创新绩效评价研究》，《科学管理研究》2016年第5期。

李小聪：《基于人才生态论的员工流动问题探析》，《才智》2008年第20期。

李军、朱先奇、姚西龙、张琰：《供应链企业协同创新利益分配策略——基于夏普利值法改进模型》，《技术经济》2016年第9期。

刘蓉、陈伟莲：《基于ISM的航运服务人才生态系统的影响因素研究》，《广州航海学院学报》2019年第2期。

刘丹、闫长乐：《协同创新网络结构与机理研究》，《管理世界》2013年第12期。

刘四兵：《关于人才资源开发的思考》，《人才开发》2003 年第 7 期。

连欣、杨百寅、马月婷：《组织创新氛围对员工创新行为影响研究》，《管理学报》2013 年第 7 期。

龙青云：《计算机专业应用型创新人才培养的生态系统研究》，《计算机教育》2009 年第 24 期。

鲁继通：《京津冀区域协同创新能力测度与评价——基于复合系统协同度模型》，《科技管理研究》2015 年第 24 期。

李美娟、魏寅坤、徐林明：《基于灰靶理论的区域协同创新能力动态评价与分析》，《科学学与科学技术管理》2017 年第 8 期。

刘志华、李林、姜郁文：《我国区域科技协同创新绩效评价模型及实证研究》，《管理学报》2014 年第 6 期。

马伟、王庆金：《协同创新视角下企业可持续发展研究》，《财经问题研究》2014 年第 7 期。

苗东升：《系统科学精要》，中国人民大学出版社 2006 年版。

毛义华、康晓婷、方燕翎：《创新氛围与知识管理对创新绩效的影响研究》，《科学学研究》2021 年第 3 期。

牛振喜、肖鼎新、魏海燕、郭宁生：《基于协同理论的产业技术创新战略联盟体系构建研究》，《科技进步与对策》2012 年第 22 期。

欧光军、刘思云、蒋环云等：《产业集群视角下高新区协同创新能力评价与实证研究》，《科技进步与对策》2013 年第 7 期。

潘宏亮：《环境规制与协同创新耦合作用下高新技术企业的创新能力演化》，《中国科技论坛》2017 年第 5 期。

彭剑锋、荆小娟：《员工素质模型设计》，中国人民大学出版社 2003 年版。

彭英、陆纪任、闫家梁：《网络嵌入对企业创新绩效的影响——兼论吸收能力的中介效应》，《科学与管理》2022 年第 4 期。

邱安昌、王素洁：《东北人才生态环境及评估研究》，《东疆学刊》2008 年第 3 期。

钱学森：《创建系统学》，山西科学技术出版社 2001 年版。

钱锡红、徐万里、杨永福：《企业网络位置、间接联系与创新绩效》，《中国工业经济》2010 年第 2 期。

齐捧虎：《企业竞争优势论》，博士学位论文，西北大学，2001 年。

全利平、蒋晓阳：《协同创新网络组织实现创新协同的路径选择》，《科技进步与对策》2011 年第 9 期。

曲洪建、拓中：《协同创新模式研究综述与展望》，《工业技术经济》2013 年第 7 期。

乔东、李文斌、李海燕：《论 21 世纪管理理论新思路——浅析价值观管理理论中的超经济主义价值观》，《山东财政学院学报》2002 年第 4 期。

乔东：《试论企业价值观与企业质量文化》，《商业研究》2003 年第 3 期。

瞿群臻、尤晓敏：《上海高端航运服务业人才生态区建设探索》，《交通企业管理》2013 年第 11 期。

孙秀丽、赵曙明：《HRM 能力及其重要性对战略人力资源管理与企业绩效的影响研究》，《南京社会科学》2017 年第 1 期。

沈邦仪：《关于人才生态学的几个基本概念》，《人才开发》2003 年第 12 期。

孙卫东：《科技型中小企业创新生态系统构建、价值共创与治理——以科技园区为例》，《当代经济管理》2021 年第 5 期。

宋素娟：《人才生态系统的建构》，《现代企业》2005 年第 6 期。

孙锐：《战略人力资源管理、组织创新氛围与研发人员创新》，《科研管理》2014 年第 8 期。

孙冰、吴勇：《基于集对分析法的地区大中型工业企业自主创新能力评价》，《价值工程》2007 年第 2 期。

苏泽雄、张岐山：《基于 BP 神经网络的企业技术创新能力评价》，《科技进步与对策》2002 年第 5 期。

邵云飞、吕炜：《以电信运营商为主导的我国物联网产业协同创新一体化研究》，《管理学报》2016 年第 2 期。

邵云飞、杨晓波、邓龙江、杜欣：《高校协同创新平台的构建研究》,《电子科技大学学报》(社会科学版) 2012 年第 4 期。

商华、王苏懿:《价值链视角下企业人才生态系统评价研究》,《科研管理》2017 年第 1 期。

唐德章:《人才生态系统的动态平衡及政策措施》,《生态经济》1990 年第 6 期。

涂振洲、顾新:《基于知识流动的产学研协同创新过程研究》,《科学学研究》2013 年第 9 期。

吴强:《政府介入、伙伴关系与企业参与校企合作意愿关系研究》,《职业技术教育》2015 年第 25 期。

王陆原、冯光星:《系统科学总论》,陕西人民教育出版社 1990 年版。

魏宏森、曾国屏:《系统论——系统科学哲学》,清华大学出版社 1995 年版。

王海军、于兆吉、温馨、成佳:《"产学研+"协同创新绩效评价研究——来自海尔的多案例验证》,《科研管理》2017 年 S1 期。

王丹丹:《生态系统视角下的高职电子商务专业人才培养模式》,《企业导报》2014 年第 14 期。

王顺:《我国城市人才环境综合评价指标体系研究》,《中国软科学》2004 年第 3 期。

王娟、王毅:《企业员工学历水平与企业创新绩效》,《西安交通大学学报》(社会科学版) 2016 年第 6 期。

王卉:《基于创新型人才生态系统的产学合作模式中知识共享策略浅析》,《中国市场》2020 年第 36 期。

王瑛、孙振华:《人才生态系统揭示》,《区域人才开发的理论与实践——港澳台大陆人才论坛暨 2008 年中华人力资源研究会年会论文集》,中国劳动社会保障出版社 2008 年版。

吴维库、富萍萍、刘军:《基于价值观的领导》,经济科学出版社 2002 年版。

吴洁、车晓静、盛永祥等:《基于三方演化博弈的政产学研协同创新机制研究》,《中国管理科学》2019 年第 1 期。

温忠麟、张雷、侯杰泰、刘红云：《中介效应检验程序及其应用》，《心理学报》2004年第5期。

王正斌：《企业管理创新：从利润到责任》，《西北大学学报》（哲学社会科学版）2006年第2期。

王进富、张颖颖、苏世彬、刘江南：《产学研协同创新机制研究——一个理论分析框架》，《科技进步与对策》2013年第16期。

魏文斌：《第三种管理维度——组织文化管理通论》，吉林人民出版社2006年版。

王璐瑶、陈劲、曲冠楠：《构建面向"一带一路"的新工科人才培养生态系统》，《高校教育管理》2019年第3期。

温海琴、张洪浩、麦皓茵：《"一带一路"背景下政府补贴对企业创新绩效的影响——基于广东省上市企业的实证分析》，《广东经济》2022年第8期。

吴际、石春生、刘明霞：《基于企业生命周期的组织创新要素与技术创新要素协同模式研究》，《管理工程学报》2011年第4期。

万幼清、王云云：《产业集群协同创新的企业竞合关系研究》，《管理世界》2014年第8期。

万幼清、张妮：《我国产业集群协同创新能力评价综述》，《当代经济管理》2014年第8期。

王婉娟、危怀安：《内部创新网络对协同创新能力的影响机理——基于国家重点实验室的实证研究》，《科研管理》2018年第1期。

王志宝、孙铁山、李国平：《区域协同创新研究进展与展望》，《软科学》2013年第1期。

王飞绒、陈文兵：《领导风格与企业创新绩效关系的实证研究——基于组织学习的中介作用》，《科学学研究》2012年第6期。

吴悦、顾新：《产学研协同创新的知识协同过程研究》，《中国科技论坛》2012年第10期。

吴晓松：《国家创新体系对企业创新能力及创新绩效影响研究》，博士学位论文，昆明理工大学，2012年。

吴东晓、王重鸣：《创业社会胜任力模型的结构维度》，《第十届全国心理学学术大会论文摘要集》，2005年。

危怀安、聂继凯：《协同创新的内涵及机制研究述评》，《中共贵州省委党校学报》2013年第1期。

解学梅、方良秀：《国外协同创新研究述评与展望》，《研究与发展管理》2015年第4期。

解学梅、曾赛星：《创新集群跨区域协同创新网络研究述评》，《研究与发展管理》2009年第1期。

解学梅、曾赛星：《科技产业集群持续创新系统运作机理：一个协同创新观》，《科学学研究》2008年第4期。

徐维祥、黄明均、李露、钟琴：《财政补贴、企业研发对企业创新绩效的影响》，《华东经济管理》2018年第8期。

薛原：《基于密切值法的长三角地区工业企业创新绩效评价》，《科技创业月刊》2021年第1期。

许学娜、刘金兰、王之君：《基于熵权TOPSIS法的企业对标评价模型及实证研究》，《情报杂志》2011年第1期。

夏天：《旅游业人才生态系统健康评价研究——以浙江省为例》，《武汉理工大学学报》（社会科学版）2019年第3期。

许骞：《创新开放度、知识吸收能力对企业创新绩效的影响机制研究——基于环境动态性视角》，《预测》2020年第5期。

许瑜、冯均科：《内部控制、高管激励与创新绩效——基于内部控制有效性的实证研究》，《软科学》2017年第2期。

许芳、王宏：《人才生态环境建设探讨》，《企业活力》2007年第7期。

许庆瑞、谢章澍：《企业创新协同及其演化模型研究》，《科学学研究》2004年第3期。

许庆瑞、谢章澍、杨志蓉：《企业技术与制度创新协同的动态分析》，《科研管理》2006年第4期。

许彩侠：《区域协同创新机制研究——基于创新驿站的再思考》，《科研管理》2012年第5期。

徐英吉、徐向艺：《企业持续成长的创新理论——技术创新与制度创新协同的经济学分析》，《山西财经大学学报》2007年第9期。

夏天添、付跃强：《组织间联结、协同创新与企业创新绩效》，《技术经济与管理研究》2020年第10期。

徐莉、杨晨露：《产学研协同创新的组织模式及运行机制研究》，《科技广场》2012年第11期。

谢宗晓、林润辉、李康宏等：《协同对象、协同模式与创新绩效——基于国家工程技术研究中心的实证研究》，《科学学与科学技术管理》2015年第1期。

于喜展、隋映辉：《基于平衡计分卡的技术创新绩效评价研究》，《科技管理研究》2009年第9期。

颜爱民：《人力资源管理理论与实务》，中南大学出版社2004年版。

颜爱民、郭好、谢菊兰：《新时代下中国情境人力资源管理的创新与发展——第7届中国人力资源管理论坛暨国际研讨会述评》，《管理学报》2019年第6期。

闫智勇、毋丹丹、严欣平：《我国职业教育人才培养体系的系统生态学分析》，《重庆科技学院学报》（社会科学版）2009年第5期。

俞荣建、胡峰、陈力田、项丽瑶：《知识多样性、知识网络结构与新兴技术创新绩效——基于发明专利数据的NBD模型检验》，《商业经济与管理》2018年第10期。

于文超、梁平汉：《不确定性、营商环境与民营企业经营活力》，《中国工业经济》2019年第11期。

于江：《高新技术产业集群式协同创新模式研究》，《财经问题研究》2008年第12期。

颜爱民、李顺：《企业人力资源生态系统稳定性影响因素实证研究》，《统计与决策》2009年第18期。

杨林、段牡钰、刘娟等：《高管团队海外经验、研发投入强度与企业创新绩效》，《科研管理》2018年第6期。

杨凡、吴红云：《基于生态学视阈的创新型人才成长体系初探》，

《四川教育学院学报》2010 年第 9 期。

杨林、柳洲：《国内协同创新研究述评》，《科学学与科学技术管理》2015 年第 4 期。

杨勇、肖伟伟：《城市人才生态系统运行机理与政策仿真研究》，《科学学研究》2022 年第 4 期。

杨耀武、张仁开：《长三角产业集群协同创新战略研究》，《中国软科学》2009 年 S2 期。

姚禄仕、赵萌：《基于超效率 DEA 模型的创新型企业创新绩效评价研究——以安徽省为例》，《财会通讯》2012 年第 36 期。

于天琪：《产学研协同创新模式研究——文献综述》，《工业技术经济》2019 年第 7 期。

易靖韬、曹若楠：《流程数字化如何影响企业创新绩效？——基于二元学习的视角》，《中国软科学》2022 年第 7 期。

袁军晓、方永恒、付丽莎、梁倩：《产业集群创新能力评价研究》，《商业时代》2012 年第 34 期。

叶伟巍、梅亮、李文等：《协同创新的动态机制与激励政策——基于复杂系统理论视角》，《管理世界》2014 年第 6 期。

叶江峰、任浩、郝斌：《企业内外部知识异质度对创新绩效的影响——战略柔性的调节作用》，《科学学研究》2015 年第 4 期。

原长弘、张树满：《以企业为主体的产学研协同创新：管理框架构建》，《科研管理》2019 年第 10 期。

原长弘、章芬、姚建军、孙会娟：《政产学研用协同创新与企业竞争力提升》，《科研管理》2015 年第 12 期。

颜筱铭、伊娜：《国家自主创新示范区人才生态系统建设文献综述》，《改革与开放》2018 年第 9 期。

禹献云、周青：《外部搜索策略、知识吸收能力与技术创新绩效》，《科研管理》2018 年第 8 期。

赵哲：《高校与企业、科研院所协同创新的机制障碍与对策——以辽宁省高校为例》，《高校教育管理》2014 年第 2 期。

周方涛：《区域科技创业人才生态系统构建及 SEM 分析》，《中国科技论坛》2012 年第 12 期。

周方涛：《基于 AHP-DEA 方法的区域科技创业人才生态系统评价研究》，《管理工程学报》2013 年第 1 期。

周学东、柳茜、李伟、肖丽英、于海洋：《构建创新人才培养的学术生态系统——口腔疾病研究国家重点实验室的实践》，《学位与研究生教育》2009 年第 11 期。

钟江顺：《人才生态环境评价指标体系构建与测度——以浙江省为例》，《生产力研究》2014 年第 3 期。

甄晓非：《协同创新模式与管理机制研究》，《科学管理研究》2013 年第 1 期。

邹珊刚、黄麟雏等：《系统科学》，上海人民出版社 1987 年版。

钟凤英、冷冰洁：《员工持股计划、内部控制与创新绩效》，《经济问题》2022 年第 8 期。

郑素丽：《组织间资源对企业创新绩效的作用机制研究》，博士学位论文，浙江大学，2008 年。

张琴清、李志强：《企业协同创新绩效评价研究综述》，《商业经济研究》2015 年第 5 期。

周晓阳、王钰云：《产学研协同创新绩效评价文献综述》，《科技管理研究》2014 年第 11 期。

张巍、张旭梅、肖剑：《供应链企业间的协同创新及收益分配研究》，《研究与发展管理》2008 年第 4 期。

张旭梅、张巍、钟和平等：《供应链企业间的协同创新及其实施策略研究》，《现代管理科学》2008 年第 5 期。

张方华、陶静媛：《企业内部要素协同与创新绩效的关系研究》，《科研管理》2016 年第 2 期。

郑刚、朱凌、金珺：《全面协同创新：一个五阶段全面协同过程模型——基于海尔集团的案例研究》，《管理工程学报》2008 年第 2 期。

赵曙明：《人力资源管理研究新进展》，南京大学出版社 2002 年版。

赵增耀、章小波、沈能：《区域协同创新效率的多维溢出效应》，《中国工业经济》2015年第1期。

朱兵、王文平、王为东、张廷龙：《企业文化、组织学习对创新绩效的影响》，《软科学》2010年第1期。

郑建君、金盛华、马国义：《组织创新气氛的测量及其在员工创新能力与创新绩效关系中的调节效应》，《心理学报》2009年第12期。

张涛：《追赶超越背景下陕西省科技人才生态系统优化研究浅析》，《广西质量监督导报》2020年第8期。

张爽、陈晨：《创新氛围对创新绩效的影响——知识吸收能力的中介作用》，《科研管理》2022年第6期。

张钢、陈劲、许庆瑞：《技术、组织与文化的协同创新模式研究》，《科学学研究》1997年第2期。

张雯、姚舒晨：《人才生态系统与组织创新绩效评价指标体系研究》，《经济师》2021年第1期。

张雯、王正斌：《隐性知识对企业竞争优势影响的实证研究》，《中国科技论坛》2012年第5期。

张雯、王正斌：《我国企业履行社会责任的现状及措施探讨》，《企业家信息》2012年第8期。

张炜：《创新环境、产业环境与转型绩效关系研究——以江浙企业为样本》，《科技管理研究》2010年第19期。

赵顿、陈璐：《关于构建高校创新创业人才教育生态系统的探讨》，《中国大学生就业》2015年第10期。

周霞、景保峰、欧凌峰：《创新人才胜任力模型实证研究》，《管理学报》2012年第7期。

周江华、李纪珍、刘子諝、李子彪：《政府创新政策对企业创新绩效的影响机制》，《技术经济》2017年第1期。

郑琼娥、雷国铨、许安心：《经济政策不确定性、财务柔性与企业创新绩效的实证》，《统计与决策》2018年第18期。

周开国、卢允之、杨海生：《融资约束、创新能力与企业协同创新》,《经济研究》2017 年第 7 期。

曾建丽、刘兵、梁林:《科技人才生态系统的构建研究——以中关村科技园为例》,《技术经济与管理研究》2017 年第 11 期。

张东雪、汤博、刘雪芹等:《京津冀科技人才生态系统优化研究》,《合作经济与科技》2017 年第 10 期。

张林:《创新型企业绩效评价影响因素分析——基于财务与非财务视角的问卷调查结果分析》,《经济研究导刊》2012 年第 20 期。

赵树宽、余海晴、巩顺龙:《基于 DEA 方法的吉林省高技术企业创新效率研究》,《科研管理》2013 年第 2 期。

朱国军、吴价宝、董诗笑、张宏远:《高管团队人口特征、激励与创新绩效的关系研究——来自中国创业板上市公司的实证研究》,《中国科技论坛》2013 年第 6 期。

朱学冬、陈雅兰:《创新型企业创新绩效评价研究——以福建省为例》,《中国科技论坛》2010 年第 9 期。

朱娅妮、余玉龙、汪海燕:《面向协同创新的高校科研绩效评价体系研究》,《科研管理》2016 年 S1 期。

张敬文、谢翔、陈建:《战略性新兴产业协同创新绩效实证分析及提升路径研究》,《宏观经济研究》2015 年第 7 期。

张哲:《基于产业集群理论的企业协同创新系统研究》,博士学位论文,天津大学,2009 年。

朱凌、许庆瑞、王方瑞:《从研发—营销的整合到技术创新—市场创新的协同》,《科研管理》2006 年第 5 期。

赵子夜、杨庆、陈坚波:《通才还是专才:CEO 的能力结构和公司创新》,《管理世界》2018 年第 2 期。

赵锴、杨百寅、李全:《战略领导力、双元性学习与组织创新:一个理论模型的探析》,《科学学与科学技术管理》2016 年第 3 期。

张红霞:《创新驱动战略下科技人才生态环境系统评价指标体系构建》,《经济论坛》2019 年第 11 期。

周方涛:《科技创业人才生态系统略论》,《科技管理研究》2012 年第 18 期。

赵曙明、白晓明：《创新驱动下的企业人才开发研究——基于人力资本和生态系统的视角》，《华南师范大学学报》（社会科学版）2016年第5期。

赵立雨：《基于协同创新的技术创新网络扩张研究》，《科技进步与对策》2012年第22期。

英文参考文献

Ackerman, R. W., "How companies respond to social demand", *Harvard Business Review*, Vol. 51, No. 4, 1973.

Aupperle, K. E., Carroll, Archle B., Hatfield, J. D., "An ethnical investigation of the relationship between corporate social responsibility and profitability", *Academy of Management Journal*, No. 28, 1985, pp. 446–463.

Avolio B. J. & Bass, B. M., Charisma and Beyond, In. G Hunt, *Emerging Leadership Vistas*, Elmsford. N. Y: Pergam on Press, 1985.

Alldredge M. E. Nilan K. J., "3M's Leadership Competency Model: An Internally Developed Solution", *Human Resource Management*, Vol. 39, No. 2, 2000, p. 28.

A. McWilliams, D. Siegel, "Creating and capturing value: Strategic corporate social responsibility, resource-based theory and sustainable competitive advantage", *Journal of Management*, No. 37, 2001, pp. 1480–1495.

A. G. Tansley, "The Use and Abuse of Vegetational Concepts and Terms", *Ecology*, 1935, pp. 284–307.

Alegre J., Chiva R., "Assessing the impact of organizational learning capability on product innovation performance: an empirical test", *Technovation*, No. 28, 2008, pp. 315–326.

Abhari, K., Davidson, E. J., Xiao, B., "Co-innovation platform affordances: developing a conceptual model and measurement instrument", *Industrial Management & Data Systems*, Vol. 117, No. 5, 2017, pp. 873–895.

Aenetz B. B., Lucas T., Arnetz J. E., "Organizational climate, occupational stress, and employee mental health: mediating effects of organizational efficiency", *Journal of Occupational and Environmental Medicine*, Vol. 53, No. 1, 2011, pp. 34-47.

Alibi Deolalika, Rana Hasan, "Human resource development and the asian economic crisis facts, issues and policy", *University of Washington*, 1999, pp. 44-50.

Abdollahbeigi B., &Salehi F., "The Effect of External Environment Characteristics on Effective IT Governance through Organizational Performance", *Journal of Technology Management and Technopreneurship*, Vol. 7, No. 1, 2009, pp. 19-28.

Bonanzas, R. E., *The competent manager: a model for effective performance*, New York: Wiley, 1982, pp. 12-13.

Boyatzis, R., *The Competent Manager—A Model for Effective Performance*, John Wiley&Sons, New York, NY 1982.

Bennis W., "The competencies of leadership", *Training and Development Journal*, No. 8, 1984, pp. 15-19.

B. A. Wernerfelt, "A resource-based view of the firm", *Strategic Management Journal*, Vol. 5, No. 1, 1984.

Bryman, A., *Charisma and Leadership in Organization*, Newbury Park, CA: Sage, 1992, pp. 155-172.

Batjargal, B., "Entrepreneurial versatility resources and firm performance in Russia: Apanel study", *International Journal of Entrepreneurship and Innovation*, No. 5, 2005, pp. 284-296.

Bogdanovic D., Miletic S., "Personnel evaluation and selection by multicriteria decision making method", *Economic Computation & Economic Cybernetics Studies & Research*, Vol. 48, No. 3, 2015.

Barney J. B., "Firm resources and sustained competitive advantage", *Economics Meets Sociology in Strategic Management*, No. 17, 1991, pp. 203-227.

Birger Wernerfelt, Aneel Karnani, "Competitive strategy under uncertainty", *Strategic Management Journal*, No. 8, 1987, pp. 187-194.

Clarkson M. B. E. Deck, M. C. &Shiner N. J., *The stakeholder management model in practice*. Book presented at the annual meeting of the Academy of Management, Las Vegas, NV, 1992.

Church A. T., Burke P. J., "Exploratory and confirmatory tests of the Big Five and Tellegen's three and four-dimensional models", *Journal of Personality and Social Psychology*, Vol. 66, No. 4, 1994.

Clarkson M., "A stakeholder framework for analyzing and evaluating corporate social performance", *Academy of Management Review*, Vol. 20, No. 1, 1995.

Conger, J. A. & Kanungo, R. N. A, "Toward Behavioral Theory of Charismatic Leadership in Organizational Settings", *Academy of Management Review*, No. 12, 1987, pp. 637-647.

Chandler, G., Jansen, E., "The founder's self-assessed leadership and performance", *Journal of Business Venturing*, No. 73, 1992, pp. 223-236.

Cochran, Philip L., Wood, Robert A., "Corporate social responsibility and financial performance", *Academy of Management Journal*, No. 27, 1984, pp. 42-56.

Chandler, G. N. & Hank, S. H., "Founder Leadership, The environment, and Venture Performance", *Entrepreneur Theory and Practice*, No. 28, 1994, pp. 77-89.

Christensen, Clayton M., "Makeing strategy learning by doing", *Harvard Business Review*, Vol. 75, No. 6, 1997.

Connelly, M. S., Gilbert, J. A., Zaccaro, S. J., Threefold, K. V., Marks, M. A. & Mumford, M. D., "Exploring the relationship of leadership skills and knowledge leader performance", *Leadership Quarterly*, No. 11, 2000, pp. 65-68.

Cristina Moro Bueno, Stewart, L. Tubbs, "Identifying Global Leadership Competencies: An Exploratory Study", *Journal of American Academy of Business*, Vol. 15, No. 9, 2004.

Castro M. D., Delgado-Verde M., Navas-López J. E., et al., "The moderating role of innovation culture in the relationship between knowledge assets and product innovation", *Technological Forecasting & Social Change*, Vol. 80, No. 2, 2013, pp. 351–363.

Carliss B., Hippel V., Eric A., "Modeling a Paradigm Shift: From Producer Innovation to User and Open Collaborative Innovation", *Organization Science*, Vol. 22, No. 6, 2011, pp. 1399–1417.

Changfeng Wang, Qiying Hu, "Knowledge Sharing in Supply Chain Networks: Effects of Collaborative Innovation Activities and Capability on Innovation Performance", *Technovation*, Vol. 7, No. 6, 2020, pp. 94–95.

David J. Ketchen J. R., G. Tomas M. Hult, "Toward greater understanding of market orientation and the resource-based view", *Strategic Management Journal*, Vol. 28, No. 9, 2007, pp. 961–964.

Davis Keith, *Blomstrom Robert L, Business Society and Environment*, McGraw-Hill Book Company, 1971, p. 91.

D. J. Teece, G. Pisano, A. Shuen, "Dynamic capabilities and strategic Management", *Strategic Management Journal*, Vol. 18, No. 4, 1997.

D. Cormier, M. Magnan, "Environmental reporting management: A continental European perspective", *Journal of Accounting and Public Policy*, Vol. 22, No. 4, 2003.

D. Cormier, M. Magnan, "The impact of the web on information and communication modes: the case of corporate environmental disclosure", *International Journal of Technology Management*, Vol. 27, No. 3, 2004.

Dirk Matten, Andrew Crane, Wendy Chapple, "Behind the Mask: Revealing the True Face of Corporate Citizenship", *Journal of Business Ethics*, Vol. 45, No. 4, 2003.

D. A. Waldman, M. Javidan, P. Varella, "Charismatic leadership at the strategic level: A new application of upper echelons theory", *The Leadership Quarterly*, No. 15, 2004, pp. 355–365.

Foss, N. J., "Firm Incomplete Contracts and Organizational Learning", *Druid Working Pater*, No. 9, 1996, pp. 6–20.

Geoffmoore, "Corporate social and financial performance: an investigation in the U. K. supermarket industry", *Journal of Business Ethics*, Vol. 34, No. 4, 2001.

Garavan, Thoma, McCarthy, Alma, Sheehan, Maura, "Measuring the organizational impact of training: The need for greater methodological rigor", *Human Resource Development Quarterly*, No. 30, 2019, pp. 291–309.

Gloor P. A., *Swarm creativity: competitive advantage through collaborative innovation networks*, New York: Oxford University Press, 2006, pp. 407–408.

Huang D., Chen S., Zhang G., et al., "Organizational Forgetting, Absorptive Capacity, and Innovation Performance", *Management Decision*, Vol. 56, No. 1, 2018, pp. 87–104.

Hurley R., Hult G., "Innovation, market orientation, and organizational learning: an integration and empirical examination", *Journal of Marketing*, Vol. 62, No. 3, 1998, pp. 42–54.

Hearn, G. and Pace, C., "Value–creating ecologies: understanding next generation business systems", *Foresight*, Vol. 8, No. 1, 2006, pp. 55–65.

Hermann Haken, *Synergetics*, Self–Organizing Systems, 1977, pp. 417–434.

Hambrick, D. C. &Mason, P. A., "Upper echelons: The organizations a reflection of its top managers", *Academy of Management Review*, No. 9, 1984, pp. 193–206.

Hit, A, M., Ireland, D., R., "The essence of strategic leadership: Managing human and social capital", *Journal of Leader ship and Organization Studies*, Vol. 9, No. 1, 2002.

Harter, J. K., Schmidt, F. L. & Hayes, T. L., "Business–unit

Level Relationship between Employee Satisfaction, Employee Engagement and Business Outcomes: Ameba-analy", *Journal of Applied Psychology*, Vol. 87, No. 4, 2002.

Herrmann D., Felfe J., "Effects of leadership style, creativity technique and personal initiative on employee creativity", *British Journal of Management*, Vol. 25, No. 1, 2014.

Hosseini S. M., "A new evaluation model for selecting a qualified manager by using fuzzy Topsis approach", *International Journal of Industrial Mathematics*, Vol. 8, No. 4, 2016.

Indjejikian R J, Matějka M, "Accounting decentralization and performance evaluation of business unit managers", *Accounting Review*, Vol. 87, No. 1, 2012.

Ikujiro Nonaka, Hirotaka Takeuchi, *The Knowledge creating Company*, New York: Oxford University Press, 1995.

J. J. Sosik, D. I. Jung, Y. Berson, "Making all the right connections: The strategic leadership of top executives in high-tech organizations", *Organizational Dynamics*, Vol. 34, No. 1, 1997.

Jorgen Sandberg, "Understanding Human Competence at Work: An Interpretative Approach", *Academy of Management Journal*, Vol. 43, No. 1, 2000.

Joyce W. Nohria & Roberson B., *What Really Works: the Formula for Sustained Business*, New York: Harper Collins Publisher Inc., 2003, pp. 57-63.

Jeff Moore, "Top performers", *Harvard Business Review*, No. 4, 2013, pp. 343-346.

Juana C. S., Filippos E., Salvador S., "Beliefs about others' intentions determine whether cooperation is the faster choice", *Scientific Reports*, Vol. 8, No. 1, 2018, pp. 1-10.

John Hagedoorn, Myriam Cloodt, "Measuring innovative performance: is there an advantage in using multiple indicators?", *Research Poli-*

cy, No. 32, 2003, pp. 1365-1379.

Kuen-Hung Tsai, "Collaborative networks and product innovation performance: Toward a contingency perspective", *Research Policy*, No. 5, 2009, pp. 765-778.

Kirby Wright, "Personal knowledge management: supporting individual knowledge worker performance", *Knowledge Management Research & Practice*, No. 3, 2005, pp. 156-165.

Lam L., Nguyen P., Le N., Tran K., "The Relation among Organizational Culture, Knowledge Management, and Innovation Capability: Its Implication for Open Innovation", *Journal of Open Innovation: Technology, Market, and Complexity*, Vol. 7, No. 1, 2021, p. 66.

La Barre P., "Marcus bucking hamthinksy our boss has an attitude problem", *Fast Company*, No. 8, 2001, pp. 88-98.

Leiserson E. K., "Succeed to lead", *Training & Development Journal*, No. 10, 2004, pp. 10-14.

Leroy H., Anseel F., Gardner W. L., "Authentic leadership, authentic followership, basic need satisfaction, and workrole performance", *Journal of Management*, Vol. 41, No. 6, 2015.

Morskowitz, Miton, R., "Choosing socially responsible stocks", *Business and Society Review*, No. 18, pp. 71-75.

McClelland D. C., Boyatzis R. E., "Opportunities for counselors from the competency assessment movement", *The Personnel and Guidance Journal*, No. 1, 1980, pp. 368-372.

McDonald R. P., Marsh H. W., "Choosing a multivariate model: Noncentrality and goodness of fit", nsfield R S. Building competency models: approaches for HR professionals, *Human Resource Management*, Vol. 35, No. 1, 1996.

M. V. Russo, P. A. Fouts, "A resource-based perspective on corporate environmental performance and profitability", *Academy of Management Journal*, Vol. 40, No. 4, 1997.

McClelland D. C. , "Identifying Competencie with Behavioral Event Interviews", *Psychological Science*, No. 9, 1998, pp. 331-339.

Mumford, M. D. , Zaccaro, S. J. , Harding, F. D. , Jacobs, T. O. , &Fleishman, E. A. , "Leadership skills for a changing world: Solving complex social problems", *The Leadership Quarterly*, No. 11, 2000, pp. 11-35.

Mike Morrison, "HBR Case Study: The Very Model of a Modern Senior Manager", *Harvard Business Review*, Vol. 85, No. 1, 2007, p. 27.

María Jesús Nieto, Lluis Santamaría, "The importance of diverse collaborative networks for the novelty of product innovation", *Technovation*, Vol. 27, No. 6-7, 2007, pp. 320-377.

Margaret M. , "Bubolz and M. Suzanne Sontag, Human Ecology Theory", *Sourcebook of Family Theories and Methods*, 1993, pp. 419-450.

Mina Nasiri, Minna Saunila, Tero Rantala, Juhani Ukko, "Sustainable innovation among small businesses: The role of digital orientation, the external environment, and company characteristics", *Sustainable Development*, Vol. 2, No. 5, 2021, pp. 1-11.

Mardani A. , Nikoosokhan S. , Moradi M. , Doustar M. , "The Relationship Between Knowledge Management and Innovation Performance", *The Journal of High Technology Management Research*, No. 29, 2018, pp. 12-26.

Michaelis, Timothy L. ; Aladin, Roberly; Pollack, Jeffrey M. , "Innovation culture and the performance of new product launches: A global study", *Journal of Business Venturing Insights*, Vol. 9, No. 12, 2018, pp. 116-127.

N Stoji, "Collaborative innovation in emerging innovation systems: Evidence from Central and Eastern Europe", *The Journal of Technology Transfer Volume*, Vol. 46, No. 6, 2021, pp. 531-562.

Nunnally J C, *Psychometric theory (2nd ed.)*, McGraw-Hill, New York, 1978.

Neil Anderson, Peter Herriot, *Assessment and Selection in Organizations, Methods and Practice for Recruitment and Appraisal*, Wiley, 1997.

Penrose, E. T, *The theory of the growth of the firm*, Oxford University Press, 1959, pp. 168-184.

Pfeiffer, J., "The Ambiguity of Leadership", *Administrative Science Review*, No. 2, 1977, pp. 104-112.

Prahalad, C. K. &Hamel., "The core competence of the corporation", *Harvard Business Review*, Vol. 68, No. 3, 1990.

Papadkis and Barwise, "How much do CEOs and top managers matter in strategic decision making", *British Journal of Management*, No. 13, 2002, pp. 83-96.

Palford, Y. Duan, "Understanding collaborative innovation from a dynamic capabilities perspective", *International Journal of Contemporary Hospitality Management*, No. 6, 2018, pp. 2396-2416.

Park R. E., Burgess E. W., *Introduction to the science of sociology*, Chicago Illinois: The University of Chicago Press, 1921, pp. 707-708.

Russell C. J., "A Longitudinal Study of Top-level Executive Performance", *Journal of Applied Psychology*, Vol. 86, No. 4, 2001, pp. 560-573.

R. Haniffa, T. E. Cooke, "The impact of culture and governance on corporate social reporting", *Journal of Accounting and Public Policy*, No. 24, 2005, pp. 391-430.

Rego A., Sousa F., Marques S., "Hope and positive affect mediating the authentic leadership and creativity relationship", *Journal of Business Research*, Vol. 67, No. 2, 2014.

Spencer L. M., Spencer S. M., *Competence at work: Models for superior performance*, New York: John Wiley& Sons, Inc., 1993.

Shamir, B., House, R. J. & Arthur, M. B., "The Motivational Effects of Charismatic Leadership: A Self Concept Based Theory", *Organization Science*, No. 4, 1993, pp. 1-17.

S. L. Hart, "A natural-resource-based view of the firm", *Academy of Management Review*, Vol. 20, No. 4, 1995.

Sandberg J., "Understanding human competence at work: an interpretative approach", *Academy of Management Journal*, Vol. 43, No. 1, 2000.

Shippmann J. S., Ash R. D., "The practice of competency modeling", *Personal Psychology*, Vol. 53, No. 3, 2000, pp. 703-740.

Sternberg R. J., "A model of educational leadership: Wisdom, intelligence, and creativity, synthesized", *International Journal of Leadership in Education*, Vol. 8, No. 4, 2005.

Thompson, J. E., Stuart, R. and Lindsay, P. R., "The leadership of top team members: a frame work for successful performance", *Journal of Managerial Psychology*, Vol. 11, No. 3, 1996.

Thomas, W. Y. Man, Theresa Lau, and K. F. Chan, "The competitiveness of small and medium enterprises: conceptual? Nation with focus on entrepreneurial competencies", *Journal of Business Venturing*, No. 17, 2002, pp. 123-142.

Thomas Ritter, Hans Georg Gemünden, "The impact of a company's business strategy on its technological competence, network competence and innovation success", *Journal of Business Research*, Vol. 57, No. 5, 2004, pp. 548-556.

Tödtling, F., "Technological Change at the Regional Level: The Role of Location, Firm Structure and Strategy", *Environment and Planning*, Vol. 24, No. 11, 1992, pp. 1565-1584.

Tugba Karaboga, Yonca Deniz Gurol, Ceylan Merve Binici, Pınar Sarp, "Sustainable Digital Talent Ecosystem in the New Era: Impacts on Businesses, Governments and Universities", *Istanbul Business Research*, Vol. 49, No. 2, 2020, pp. 360-379.

Vyakarnam S., Handelberg J., "Four themes of the impact of management teams on organizational performance: Implications for future research of entrepreneurial teams", *International Small Business Journal*, Vol. 23, No. 2, 2005, pp. 236–256.

Veronica S., Thomas, "Collaborative innovation inbubiquitous systems", *International Manufacturing*, No. 18, 2007, pp. 599–615.

Van Vulpen E., Moesker F., Competency-based Management in the Dutch Senior Public Service. Hrton S et al. *Competency Management in the Public Sector*, Amsterdam: OS Press, 2002.

Verna Allee & Jan Taug, "Collaboration, Innovation and Knowledge Sharing in a Global Telecom", *Journal of Organizational Learning*, November 2006.

Wechsler, D., *The measurement and appraisal of adult intelligence*, (4th ed.), Baltimore, M.D.: Williams and Wilkins, 1958.

White R., "Motivation Reconsidered: The concept of Competence", *Psychological Review*, Vol. 66, No. 5, 1959.

Wartick, Steven L., Cochran, Philip L., "The evolution of the corporate social performance mode", *Academy of Management Review*, Vol. 10, No. 4, 1985.

Waddock, Sandra A., Charles Bodwell, Samuel B. Graves, "Responsibility: The New Business Imperative", *Academy of Management Executive*, Vol. 16, No. 2, 2002.

Williams R. S., *Performance Management*, London: International Thomson Business Press, 1998.

Waldman, D. A., Ramirez, G. G., House, R. J., & Puranam, P., "Does leadership matter? CEO leadership attributes sunder conditions of perceived environmental uncertainty", *Academy of Management Journal*, Vol. 44, No. 4, 2001.

Wang H, Sui Y, Luthans F, et al., "Impact of authentic leadership on performance: Role of followers' positive psychological capital and relational processes", *Journal of Organizational Behavior*, Vol. 35, No. 1, 2014.

Xu J., Hou Q., Niu C., et al., "Process Optimization of the University-Industry-Research Collaborative Innovation from the Perspective of Knowledge Management", *Cognitive Systems Research*, No. 52, 2018, pp. 995-1003.

Xiaobei Li, Xin Qin, Kaifeng Jiang, Sanhao Zhang, Feiyi Gao, "Human resource practices and firm performance in china: The moderating roles of regional human capital quality and firm innovation strategy", *Management and Organization Review*, Vol. 11, No. 2, 2015.

Yukl G., *Leadership in Organizations* (7th ed.), Prentice-Hall: Engle wood Cliffs, NJ. 1998, pp. 144-163.

Yang J., "Research on the innovation method of continuing education model for professional technical personnel in manufacturing industry", *Educational Sciences-Theory & Practice*, Vol. 18, No. 5, 2018, pp. 2325-2331.

Zhang Y., Li H., "Innovation search of new ventures in a technology cluster: the role of ties with service intermediaries", *Strategic Management Journal*, Vol. 31, No. 1, 2010, pp. 88-109.

Zhang X. M., Bartol K. M., "Linking empowering leadership and employee creativity: The influence of psychological empowerment, intrinsic motivation, and creative process engagement", *Academy of Management Journal*, Vol. 53, No. 1, 2010.

Zubair A., Kamal A., "Authentic leadership and creativity: Mediating role of work-related flow and psychological capital", *Journal of Behavioral Sciences*, Vol. 25, No. 1, 2015.

Zeng S. X., Xie X. M., Tam C. M., "Relationship between cooperation networks and innovation performance of SMEs", *Technovation*, No. 30, 2010, pp. 181-194.

附　　录

调查问卷

尊敬的先生/女士：

您好！我是西安财经大学商学院"人才生态系统与企业创新绩效情况调查"的访问员。此次调查旨在了解目前贵公司的整体人才生态系统与企业创新绩效的状况。您的回答对于本次研究了解有关情况和后续的实证研究具有重要意义。本调查完全匿名，调研内容严格保密。请您放心、真实地回答问题，感谢您的支持！

第一部分：基本信息

1. 您的年龄：

    A. 30 岁及以下　　　　　　　　　B. 31—40 岁

    C. 41—50 岁　　　　　　　　　　D. 51 岁及以上

2. 您的性别：

    A. 男　　　　　　　　　　　　　B. 女

3. 您参加工作的年限：

    A. 5 年及以下　　　　　　　　　B. 6—10 年

    C. 11—15 年　　　　　　　　　　D. 15 年以上

4. 您的学历水平：

    A. 大专以下　　　　　　　　　　B. 大专

    C. 本科　　　　　　　　　　　　D. 研究生

5. 您的岗位性质：

A. 研发设计岗位　　　　　　B. 生产岗位

C. 执行岗位　　　　　　　　D. 管理岗位

E. 其他（请填写）

6. 您所在的企业类型：

A. 高新技术产业　　　　　　B. 消费品行业

C. 知识密集型服务业　　　　D. 其他创新型企业

7. 您所在企业现有员工数：

A. 1—50 人　　　　　　　　B. 51—100 人

C. 101—500 人　　　　　　 D. 501—1000 人

E. 1000 人以上

第二部分：核心内容

以下为问卷核心部分填写：下列题项中均有 1—5 个等级，判断该描述与您自身及您所在企业的符合程度，请根据您的主观感受在每个题项上进行选择。

（一）人才生态系统

题项	题目	完全不符合	比较不符合	一般	比较符合	完全符合
Aa1	我具有工作所需的专业知识					
Aa2	我具有工作所需的行业经验					
Aa3	我经常关注新知识、新技术和新领域					
Aa4	我善于用准确并恰当的词汇向他人表达自己的想法，在交流过程中可以达成一致意见					
Aa5	我在完成某项复杂工作或完美地处理问题方面对自己有足够信心					
Aa6	我能够根据工作需要，快速地掌握正确的学习方式和学习途径，并从中学到知识、提高综合能力					
Aa7	我不断追求卓越的工作成果					
Aa8	我知道本职工作的重要性，并愿意承担相关责任					

续表

题项	题目	完全不符合	比较不符合	一般	比较符合	完全符合
Ab1	我的公司鼓励创造、创新或开发新想法					
Ab2	我的公司企业文化有面向创新的价值观、信念或目标体系					
Ab3	我的公司管理层积极寻求创新理念					
Ab4	我的公司鼓励自由公开的交流					
Ab5	我的公司关心员工的技能和专长的培养					
Ac1	企业曾经得到各级政府的创新基金、贷款或补贴					
Ac2	企业容易获得国家或地方政府的优惠政策支持					
Ac3	企业所在区域基础设施配套合理（如停车场、商务中心等）					
Ac4	企业所在区域管理水平良好（如物业服务、项目孵化服务等）					

（二）协同创新

题项	题目	完全不符合	比较不符合	一般	比较符合	完全符合
Ba1	协同主体间技术互补对接程度高					
Ba2	技术部门与其他部门经常进行信息沟通和资源共享					
Ba3	企业经常采用跨职能团队来研发新产品					
Ba4	企业高层有专门负责技术与其他部门的协调配合的人员					
Ba5	现有技术创新组织架构和流程合理					
Bb1	协同主体间愿景目标协同性较高					
Bb2	协同主体间相互信任程度较高					
Bb3	协同主体间具有良好的互惠互利能力					

（三）企业创新绩效

题项	题目	完全不符合	比较不符合	一般	比较符合	完全符合
C1	我们公司推出新产品/服务的频率较高					
C2	企业的创新产品的开发周期较短					
C3	企业的创新产品市场接受程度较高					
C4	创意或创新经常达到或超出客户的预期					
C5	我们公司利用新产品开拓市场能力较强					

本次调查问卷到此结束，非常感谢您的支持！

后　　记

在本书完成之际，颇多感言。学术道路上的艰辛与充实、困盾与喜悦、探索与进步，融入教学与科研的点滴时光、珍贵时刻，顿时清晰浮现，感恩助我行至今日的良师益友！

感谢我的恩师王正斌教授、齐捧虎教授和张红芳教授，老师们兼容并蓄的学术素养和乐观豁达的生活态度时刻鞭策着我砥砺前行。

感谢我的同路人——认真研学的学生们。在本书的写作过程中，刘超、王迪迪、杨钰婷、马英翔、王宝红、黄舜娉、张仕杰、曾小双、王维洋、张恩博、张娜等硕士生付出了辛勤劳动，在此表示感谢！

感谢西安财经大学对本书的资助！感谢领导和同事们对我工作的指导与帮助！

感谢中国社会科学出版社的编辑老师付出的辛苦劳动！

感谢我的家人，你们的爱永远是我前行的动力！

限于作者的学识，本书关于人才生态系统与企业创新绩效的研究，以及在此基础上构建的理论模型及案例分析，仅仅是探索性和尝试性的，其中可能存在疏漏之处，恳请各位专家、读者予以批评指正。另外，在本书的写作过程中，引用了许多专家和学者的研究成果和文献资料，由于篇幅限制，一些资料来源不能一一列出，在此表示歉意。

张　雯

2023年6月